L. Baumblatt

Das Fräulein von Flörsheim auf Landstuhl

Eine Novelle aus der Zeit des Franz von Sickingen

L. Baumblatt

Das Fräulein von Flörsheim auf Landstuhl
Eine Novelle aus der Zeit des Franz von Sickingen

ISBN/EAN: 9783743470521

Hergestellt in Europa, USA, Kanada, Australien, Japan

Cover: Foto ©ninafisch / pixelio.de

Weitere Bücher finden Sie auf **www.hansebooks.com**

Das Fräulein von Flörsheim auf Landstuhl.

Eine Novelle aus der Zeit

des

Franz von Sickingen.

Nebst einer kurzen Geschichte der Burg Landstuhl und der Familie Sickingen.

Von

L. Baumblatt.

Selbstverlag des Verfassers.

Mannheim.
Druck von J. Schneider.
1860.

I.

Kurze Geschichte der Burg Landstuhl

und der

Familie Sickingen.

Die Geschichte der Stadt und der Burg Land=
stuhl reicht bis in's graue Alterthum. Der ursprüng=
liche Name Nanstall bezeichnete eine Ruhestation der
Alten, und schon in den Karolingischen Zeiten hatte
das Kloster Lorsch hier beträchtliche Besitzungen.
Wohl keine der rheinländischen Burgen mag im
Verlaufe der Jahrhunderte so verschiedenen Herren
angehört haben, wie die Burg Landstuhl, die oft
zu gleicher Zeit mehrere Besitzer hatte, wovon mancher
seinen kleinen Antheil wieder zerstückelte und vertheilte.
Schon im Jahre 1197 nannte sich ein Anselm
von Winterbecher „von Nannenstal"; als die
ältesten Besitzer der ganzen Herrschaft und der Burg
werden aber die Grafen von Saarwerden ange=
führt, nach deren Absterben im J. 1379 die Grafen
von Nassau=Saarbrücken zum Theil Herren von
Landstuhl wurden. Im Jahre 1380 verpfändete Graf
Johann von Sponheim den vierten Theil seiner
Hälfte und überließ ein Achtel dem Heinrich Ecke=
brecht von Dürkheim als Heirathsgut.
Auch die Grafen von Leiningen waren zu
verschiedenen Zeiten Besitzer der Burg. Aus einer
Urkunde vom Jahre 1302 lernen wir einen Brunigo
Pellifer, Herrn von Nanstal, und seine Gemahlin
Irmentrube kennen, die ihre Güter dem Komthur

und den Ordensbrüdern der deutschen Ordens-Komthurei Einsiedel übergaben. Unter den Mitbesitzern der Burg wird aus dem Jahre 1389 ein Graf Eberhard von Zweibrücken genannt, der am 3. Mai desselben Jahres zu Gunsten seiner Gemahlin Elisabeth von Velbenz und zum Vortheil ihres Bruders Friedrich II. von Velbenz in die Verpfändung von Landstuhl willigte. Pfalzgraf Stephan von Velbenz-Zweibrücken bekam 1430 durch seine Gemahlin, die velbenzische Erbtochter Anna, Anspruch auf ein Viertheil der Burg.

Auch hatten die Puller von Hohenburg nach und nach mehrere Antheile erworben, welche durch Margaretha Puller an ihren Gemahl, den kurzpfälzischen Großhofmeister Schweikard — Schwikar — von Sickingen gelangten.

Das Geschlecht der Sickingen ist schon aus dem Jahre 936 bekannt, wo ein Albrecht von Sickingen, Gemahl einer von Hirschhorn, in einer Urkunde vorkömmt. Die Sickingen haben von einem Rittergute im Badischen — Dorf und Schloß Sickingen unweit Bretten — ihren Namen.

Schweikard von Sickingen wird 1451 als Vogt von Bretten, 1480 als Vogt von Kreuznach genannt. Er war, wie die Chronik sagt, ein weiser Mann, aber ein trotziger und kecker Ritter. In Köln trug er einmal, gegen die Stadtordnung, seinen Dolch auf der Straße, den man ihm abnahm. Dieß beleidigte ihn dermaßen, daß er die Stadt bekriegte, ja sie einzunehmen Anstalten machte und ihr großen Schaden zufügte. Durch Familienverbindungen und Privatfehden, die glücklich für ihn ausfielen, hatte er sich einen beträchtlichen Schatz erworben; dagegen spürte der Haß der Städte und vieler Großen nach jeder seiner Blößen. Als er sich daher zum Vortheile der Pfalz an dem 1503 ausgebrochenen Erbstreite zwischen dieser und Bayern betheiligte, wurden seine Güter vom Landgrafen von Hessen zum Theil verwüstet und er selbst wegen seiner Anhänglichkeit an Churpfalz und vieler Klagen über gewaltsames Wesen vom Kaiser Maximilian I. als Hochverräther verurtheilt und 1504 zu Landshut enthauptet.

Sein Sohn Franz brachte endlich die Burg und die ganze Herrschaft Landstuhl durch Kauf oder Lehen an sich, und erst von jener Zeit an wird das Bergschloß „die Burg Sickingen" genannt.

Franz von Sickingen wurde am 1. März 1481, nach einigen Nachrichten in der Stammburg Sickingen, nach andern auf der Ebernburg geboren. Er war der Sprößling eines Geschlechtes, das von jeher mit den Interessen der Pfalz eng verflochten war. Er war früh in pfälzische Lehensdienste getreten und hatte sich nach und nach beim Kaiser Maximilian in Gunst gesetzt, so daß er sich einmal äußerte: „Die Pfalz muß wieder einen gnädigsten Kaiser bekommen." *)

---

*) Häußer, Geschichte der rheinischen Pfalz.

Aber große Bewegungen von weltgeschichtlicher Bedeutung gaben der Sache eine andere Wendung, und Sickingens Bestrebungen gingen zu weit, als daß er auf die Dauer in den Schranken eines Lehensverhältnisses hätte bleiben können. Die gährenden Elemente der Zeit hatten bei ihm einen empfänglichen Boden gefunden und sein nunmehriges Auftreten mußte nothwendigerweise seinen seitherigen freundlichen Verhältnissen zu den landesfürstlichen Interessen entgegen sein. Es entspannen sich Kämpfe, die bald eine ernste Gestalt annahmen und die Ruhe in Deutschland sehr erschütterten.

Da vereinigten sich die Fürsten von der Pfalz, Trier und Hessen, um die Sache durch einen raschen Schlag zur Entscheidung zu bringen. Gegen Ende April 1523 sammelten sie sich zu Kreuznach, jeder mit hundert Pferden und einem Fähnlein Knechte. Unter dem Vorwande, die nahegelegene Ebernburg anzugreifen, hielt man sich an der Nahe, um von dort aus die Veste Landstuhl, wo Sickingen selbst lag, überraschen zu können. Der pfälzische Führer, Eberhard Schenk zu Erbach, führte den Auftrag aus und erschien schnell vor Landstuhl; die Fürsten rückten auf verschiedenen Wegen langsam nach und Pfalzgraf Ludwig zog noch unterwegs eine ansehnliche Hilfsschaar an sich, welche sein Bruder Wolfgang und sein Neffe Otto Heinrich ihm zuführten. Der Bruder des Kurfürsten, Pfalzgraf Friedrich, hatte auch Hilfe geschickt, blieb aber selbst in der

Oberpfalz, um die Bewegungen der unruhigen fränki=
schen Ritterschaft, mit der Sickingen in Verbindung
stand, zu überwachen.

Solcher Macht war Franz nicht gewachsen; doch
hoffte er, an seinen festen Mauern werde sich die
Geduld der Fürsten schon ermüden, bis ihm Hilfe
käme. Aber er kannte die Gewalt der neuen Ge=
schützeskunst nicht; am 30. April begann das Feuer
und schon am zweiten Tage nachher lag der bedeu=
tendste Befestigungsthurm mit 14 Fuß dicken Mauern,
sowie ein Theil der Ringmauer zu Boden. Franz
selbst und alle Kriegsleute gestanden, niemals ein
solches Schießen gehört zu haben. Er ging an die
Bresche, um zu sehen, wie zu helfen wäre, da
traf ihn ein zerschossener Balken mit einer tödt=
lichen Wunde in die Seite; und damit war der Veste
ihre bedeutendste Stütze geraubt.

Das mörderische Schießen dauerte fort; seine
Freunde, auf die er gehofft, waren ausgeblieben und
er selbst lag in einem Gewölbe seiner Burg und sah
dem Tode entgegen. Da ergab sich denn das Schloß
am 6. Mai, und die Fürsten, die in die Burg zogen,
fanden statt des gefürchteten Ritters einen Kranken,
der mit dem Tode rang, dem er am folgenden Tage erlag.

In wenigen Tagen waren auch Drachenfels,
Homburg, Dahn und Lützelburg unterlegen;
nur Ebernburg hielt sich noch. Gegen Ende Mai
war auch sie von den Fürsten bedroht, und schon am
6. Juni mußte sie sich ergeben.

So war erfüllt, was einst Kurfürst Ludwig im Zorn über die Mißhandlung eines pfälzischen Vasallen ausgerufen haben soll: „Ich habe Dich zum Franz gemacht; ich will auch dafür sorgen, daß Du wieder zum Fränzchen werdest."

Franz hatte 3 Söhne und 3 Töchter, von denen die älteste, Margaretha, Hofdame der Tochter des Herzogs Wilhelm von Bayern war und 1522, ein Jahr vor ihrem Vater, starb, während die jüngern: Ottilie und Magdalena, an Ulrich Spät zu Zwiefalten und an Christoph Anselm von Maaßmünster verheirathet waren. Seine Söhne hießen: Schweikard, Hans und Franz Conrad.

Die Sicking'schen Burgen Landstuhl, Homburg und Ebernburg verblieben nach ihrer Zerstörung im Jahr 1523 als Eigenthum der Fürsten von Trier und Churpfalz, und erst nach einem Vergleiche zwischen diesen Fürsten und den Söhnen des Franz im Jahre 1542, also etwa 20 Jahre nachher, wurden sie der Familie Sickingen wieder eingeräumt. Landstuhl fiel dem zweiten Sohne Hans zu. Dieser starb 1547 ohne Kinder, und seine zwei Brüder Schweikard und Franz Conrad theilten sich in dessen Nachlaß. Die Burg Landstuhl fiel dem jüngsten Bruder Franz Conrad zu, welcher mit einer Katharina v. Andlaw (ein adeliges Geschlecht, das jetzt noch im Badischen blüht) vermählt war und 1558 starb.

Ein Sohn Franz Conrads, Reinhard von Sickingen, Kammergerichtsassessor zu Speyer und vermählt mit Katharina Hund von Saulheim, war der nächste Besitzer der Burg, und mit dessen Enkel Hans Ludwig, welcher 1645 ledig starb, erlosch auch diese Linie, so daß alle Sicking'schen Besitzungen an die Nachkommen des ältesten Bruders Schweikard übergingen.

Die Nachkommen dieser Linie erscheinen zuerst als Schloßhauptleute von Hohenkönigsburg bei Schlettstadt im Elsaß, befanden sich demnach 1645 im Besitze des Gesammtnachlasses der Sickingen und theilten sich in die Linien Sickingen-Zull und Sickingen-Königsbach, Sickingen zu Sickingen und Sickingen zu Hohenburg, von denen wiederum aus der Linie Sickingen zu Sickingen die jüngere und reichsgräfliche Seitenlinie zu Sickingen und die ältere zu Sauersberg im Nassau-Usingischen hervorgingen. Diese Linie, hauptsächlich im Oesterreichischen begütert, repräsentirte das Adelsgeschlecht des Franz von Sickingen.

Der letzte von dem Zweige der Sickingen zu Sauersberg, der im Anfang dieses Jahrhunderts noch bedeutende Besitzungen in der Nähe von Landstuhl hatte, starb 1836 im Nassauischen in Dürftigkeit. Ein hoher Gönner der Geschichtskunde ließ dem letzten Sprößling des „letzten Ritters" ein Denkmal setzen.

Was die Burg selbst anbelangt, so blieb sie von 1523 bis 1542 zerstört, in welchem Jahre sie Hans von Sickingen wieder aufbauen ließ. Sie blieb etwa ein Jahrhundert im friedlichen Besitz der Sickingen. Während des dreißigjährigen Kriegs hatte sie aber gleiches Loos mit manchem andern Platze von Bedeutung; sie kam nemlich auch unter fremde Botmäßigkeit. Der Herzog von Lothringen hatte nach dem Abschluß des westphälischen Friedens im Jahre 1648 die Schlösser Homburg, Hoheneck und Landstuhl noch inne und wollte sie, trotz der ihm aufgelegten Verpflichtung, sie an Churpfalz zurückgeben zu müssen, als sein Eigenthum behaupten. Der Kurfürst Karl Ludwig aber widersetzte sich diesem widerrechtlichen Ansinnen. Doch hatte dieser Fürst während des bekannten Wildfangstreites andere Kämpfe zu bestehen. Die pfälzischen Kurfürsten wollten nemlich, um ihrem entvölkerten Lande wieder Einwohner zu verschaffen, gleich den alten Pfalzgrafen, herrenlose Leute (Wildfänge genannt), welche ihre Herkunft nicht nachweisen konnten, nicht allein im eigenen Lande, sondern auch in einigen Nachbarländern aufgreifen und zu Leibeigenen machen, was jedoch Widerstand fand. Dieser Zwiespalt ward erst 1667 zu Heilbronn verglichen. Nun konnte Kurpfalz seine ganze Kraft gegen Lothringen kehren. Kurfürst Karl Ludwig warb daher 1668 eine Anzahl in Frankreich entlassener Soldaten, besetzte Hoheneck und sprengte Landstuhl in die Luft.

Aber auch diese zweite Zerstörung erstreckte sich nur auf die Befestigungswerke, während die Verwüstung des eigentlichen Schlosses den gründlichen und großen Zerstörern der Pfalz unter Ludwig XIV.

aufbewahrt blieb. Die Generale **Mélac** und **Monclar**, die im Jahr 1689 in der Pfalz während einiger Monate die schönsten Baudenkmale und ganze Städte in Asche legten, verschmähten im Vorbeigehen auch diese Burg nicht und hinterließen auch hier ein Zeichen ihrer freundnachbarlichen Gesinnungen gegen ihre deutschen Brüder.

Seit damals ist die Veste Landstuhl eine Ruine, die bis zum Jahre 1855 fast unzugänglich war.

In diesem Jahre fing man an den Schutt wegzuräumen und die Nachgrabungen vorzunehmen.

Die festen Mauern der Burg haben allen Stürmen, die während mehrer Jahrhunderte über sie hereinbrachen, zum Theil getrotzt, und in neuester Zeit haben sich dieser Ueberreste einer der stolzesten pfälzer Bergschlösser viele Freunde des Alterthums angenommen, die bemüht sind, das zu erhalten, was der Zahn der Zeit bis jetzt nicht zernagen konnte. Vielfache Ausgrabungen haben Waffen und sonstige Gegenstände aller Art an den Tag gefördert; die früher fast unzugängliche Ruine wurde mit schönen Anlagen und räumlichen Plätzen versehen, so daß alljährlich auf Pfingsten eine große Volksmenge hier zusammenkömmt, um sich fröhlich in den Räumen zu bewegen, in denen sich einst Ritter und Knappen geschäftig tummelten. Dank dem Wohlwollen vieler Freunde wurden schon nicht unbeträchtliche Gaben gespendet, um das Ausgraben und Aufsuchen zu ermöglichen und die Anlage freundlich und leicht zugänglich zu

machen. Die rege Theilnahme, die sich allenthalben
kund gibt, läßt hoffen, daß das Werk immer mehr
gefördert werden wird.

Das Gewölbe, in dem Franz von Sickin=
gen gestorben sein soll, wird heute noch gezeigt. Es
ist von starkem Mauerwerk umschlossen und unter
dem Namen „das weiße Kreuz" bekannt. Das
Gewölbe ist nemlich sehr finster und wird im Hinter=
grunde nur durch eine Schießscharte erleuchtet, welche
ihr Licht auf die gegenüberliegende und, weil sehr
unebene, Mauerfläche in der Weise wirft, daß sich
in dem dunkeln Gewölbe eine Art von Kreuz ab=
zeichnet. Das hier wiederstrahlende weiße Kreuz
hat dem Gewölbe seinen Namen gegeben, und nach
mündlicher Ueberlieferung ist Franz bei der Be=
schießung als schwer Verwundeter in dieses Gewölbe
getragen worden und am weißen Kreuz gestorben.

Ueber Franz von Sickingen liefern uns
ältere und neuere Geschichtsforscher, je nach ihrem
politischen oder religiösen Standpunkte, manches Cha=
rakterbild, das mehr oder weniger in dieses oder jenes
Prunkgewand gekleidet, oder durch diesen oder jenen
Makel verunstaltet wird. Wir sind nicht berufen,
den einen oder den andern zu folgen, da es unserer
Absicht von vornherein widerstrebte, das eine oder
das andere Feld zu betreten.

Die Hauptpersonen, die wir dem Leser in nach=
folgender Novelle vorführen, sind historisch. Franz
von Sickingen, dessen politische und religiöse Ten=

denz in unserer Novelle nicht berührt wird, tritt im Kreise seiner Familie auf und kämpft in seinem Privatleben einen Kampf durch, der zu seinen Verhältnissen nach Außen in keiner Beziehung steht. Die Schwester seiner verstorbenen Gemahlin Bertha von Flörsheim, die wir Jutta nannten, der Ritter Kranch von Kirchheym und der Notar Schlör von Worms sind in der Geschichte bekannt, und von den verschiedenen Rittern, die sich von dem jetzigen Kirchheim schrieben, kommen die Edlen Kranch von Kirchheym schon im J. 1042 vor. Einer dieses Namens wurde auf dem Turnier zu Hall zum Ritter geschlagen. Diepold Kranch, Edler von Kirchheym, fand sich 1209 auf dem Wormser Turnier ein, und Johann Kranch von Kirchheym, Domherr und Probst zu St. Quido zu Speyer, zeigte sich sehr großmüthig gegen den dortigen Dom. Mit ihm erlosch im J. 1534 sein Geschlecht.

Nach einer mündlichen Ueberlieferung, die als historische Wahrheit angenommen wird, soll ein Kranch von Kirchheym mit Franz von Sickingen verschwägert gewesen sein. Wir haben diese Angabe in der Novelle aufrecht erhalten, obwohl sie in keinem Geschichtswerke ihre Bestätigung findet. Historisch wahr ist nur, daß Sickingen's Schwiegermutter eine geborne Ottilie Kranch von Kirchheym war.

Der Notar Schlör endlich spielte bei einem

verhängnißvollen Aufstande in Worms eine wichtige Rolle. Der Zug Sickingens gegen Worms wurde von Schlör betrieben, wo nicht, wie Einige behaupten, veranlaßt. Letzterer Ansicht hat sich der Verfasser der Novelle angeschlossen.

In der Fehde mit Worms, aus deren Veranlassung der Notar Schlör nach Landstuhl kam, entwickelte Sickingen bedeutende Kräfte. Während der Belagerung der Reichsstadt nahm er zwischen Gernsheim und Oppenheim ein reichbeladenes Schiff weg, bei welchem Fange ihn seine zwei Freunde Götz von Berlichingen mit der eisernen Hand und Hans von Selbiz mit einem Fuße unterstützten. Ueber diese zwei Kämpen rief der Kaiser Maximilian einmal staunend aus: „Heiliger Gott, der Eine hat nur eine Hand, der Andere nur ein Bein! Wenn sie erst zwei Hände und zwei Beine hätten!" — Ueberhaupt nahm der Kaiser die Sache gegen Franz und seine Verbündeten lange nicht sehr ernst auf, und als eines Tages einige Nürnberger Kaufleute klagend gegen Götz von Berlichingen auftraten, sagte Maximilian: „Wie geht's zu, daß ihr Kaufleute, wenn ihr einen Pfeffersack verliert, meint, daß man soll gleich das ganze Reich aufbieten?"

Es kamen in jener vielbewegten Zeit mitunter auch drollige Scenen vor. Franz war eine Zeit lang im Dienste des Königs Franz I. von Frankreich. Mehrere deutsche Kaufleute hatten Forderungen an mailändische Kaufherren zu machen, die, das schlecht=

bestellte Rechtsverfahren benützend, trotz aller Klagen nichts bezahlten. Franz befriedigte seine Landsleute bis auf den letzten Heller, überfiel dann die mailänder Kaufleute auf ihrem Zug zur Frankfurter Messe und nahm ihnen so viel ab, als er für sie ausgelegt hatte. König Franz, als damaliger Oberherr Mailands, stellte ihn darüber zur Rede. Auf des Ritters trotzige Antwort, daß ihm in Rechtssachen außerhalb Deutschland Niemand etwas zu befehlen habe, ward ihm die Pension entzogen und der deutsche Ritter kehrte wieder nach seiner Ebernburg zurück.

Die Geschichtswerke, deren wir uns zu diesem historischen Theil bedienten, sind:

Die Chronik der Reichsstadt Worms; Geschichte der bayerisch-rheinpfälzischen Schlösser von Gärtner; Beschreibung des bayerischen Rheinkreises von Frey; Geschichte der Deutschen von Schmidt und Geschichte der rheinischen Pfalz von Professor Häusser.

Die oben angeführten geschichtlichen Notizen sind die Anhaltspunkte, auf die sich nachfolgende Erzählung stützt, die wir keine historische nennen wollten, da nur die darin auftretenden Hauptpersonen geschichtlich sind. Doch glauben wir, die Dichtung dem Charakter der Zeit entsprechend behandelt zu haben.

Unter den bis zum Frühjahr 1860 auf dem Schlosse vorgefundenen Gegenständen befinden sich einige von Werth, und es wäre zu wünschen, daß sie systematisch geordnet, in ein Verzeichniß gebracht und sorgfältig aufgestellt würden. Wohl werden sie in dem, am Fuße der Burg gelegenen, Gasthause aufbewahrt und von dem Gastwirthe bereitwillig jedem Fremden gezeigt — allein trotz aller Vorsicht konnte es, wie man uns sagte, nicht verhütet werden, daß Dieses und Jenes in Privathände übergegangen und dem Publikum entzogen wurde, und man nannte uns besonders einen künstlich gearbeiteten Rosenkranz, der vor Kurzem abhanden gekommen sein soll.

Unter den vorhandenen Gegenständen verdienen erwähnt zu werden:

Eine Büchse, die einzige Schießwaffe, die bis jetzt auf der Ruine gefunden wurde. Sie wiegt 5 Kilogramm, ist 1,25 Meter lang und mit einem Visir versehen; verschiedenartig construirte Schlösser; Scheeren, Kugeln, schöne Hirschgeweihe, Ringe, Beile, Schwerter, Ketten. Ferner ein Damengürtel aus feinem Messingdraht, mit zwei Rosetten versehen; ein gut erhaltenes Kruzifix, ein schön geformter Bischofskopf aus terra cotta, der beim Auffinden noch Spuren von Vergoldung an sich trug; ein hübsches Kettchen, wahrscheinlich zu einem Hirschfänger gehörig, und endlich mehrere Münzen aus Kupfer und Silber, die aber alle, mit Ausnahme von 1—2, nach 1523 geprägt sind.

Am meisten Interesse gewähren aber die aufgefundenen Wappen, die noch ihre ursprünglichen Farben haben. Sie sind in neuester Zeit auf der Burg eingemauert worden, und zwar an einem Mauerwerk, das ein kleines Viereck bildet, wo einige Ruhesitze angebracht sind, die den Besucher der Burg einzuladen scheinen, sich hier niederzulassen, die ernsten Gestalten der Vorzeit an seinem Geiste vorüberziehen zu sehen und sie mit den Gebilden der Neuzeit zu vergleichen, von denen tief unten im Thale die regste Thätigkeit zeugt. Und es bietet in der That einen sonderbaren Kontrast dar, wenn man dort oben recht lebhaft an die Zeit des Rittertums erinnert wird, und plötzlich an den modernen und freundlichen Bahnhofgebäuden die Locomotive vorbeifliegen sieht, ein gewichtiger Zeuge, daß im Verlaufe der Zeiten die rohe Gewalt von der Intelligenz verdrängt wurde.

Da es dem Fremden, der die Ruine besucht, nicht unwillkommen sein mag, einige nähere Aufschlüsse über deren jetzigen Bestand zu bekommen, so wollen wir ihm, so weit es uns selbst durch die freundliche Bereitwilligkeit einiger Herren gelungen ist, Aufklärungen zu erhalten, dieselben hier wiedergeben und ihm gleichsam als Wegweiser dienen:

Die Burg wird auf dem kürzesten Wege von dem Garten des Gasthauses „zum Engel" bestiegen; da der neue Weg jedoch steil ist, so wird, insbesondere für Damen, der etwas weitere durch den Wald mehr zu empfehlen sein, welcher erreicht wird, wenn man, aus dem Ganing'schen Garten heraustretend, den Fußpfad links einschlägt. Wer den kürzeren Weg wählt, kommt an dem sogenannten Halbmonde, einem restaurirten Thurme der alten Schloßmauer, vorüber und betritt, sich später rechts wendend, den Vorhof der Burg, der, zur Zeit noch theilweise verschüttet, seiner Aufräumung entgegensieht. Wir lassen den großen Felsen zur Rechten liegen und gehen nordwärts nach dem großen Platze, wo uns, ehe wir an die neue Treppe kommen, ein eingemauertes Relief auffällt, die Figur eines Mannes mit Hörnern vorstellend, der eine Art Keule in der Linken und ein fremdartiges Geräthe in der Rechten trägt. Dieses, wohl aus der Römerzeit herrührende, Denkmal hat schon manchen Antiquitätenfreund beschäftigt, ohne daß über die Bedeutung des Steines ein Aufschluß gegeben werden konnte. — Die Treppe hinaufsteigend, befinden wir uns bald an einer der interessantesten Parthien des Schlosses, umgeben auf einer Seite von haushohen Felsen, auf der andern von einer 12 Fuß dicken Mauer mit zwei Schießscharten. Da, wo der Fels am meisten eingebuchtet ist, befand sich früher der 360 Fuß tiefe Schloßbrunnen, welcher Umstand diesem ganzen innern Raume den Namen „Brunnenplatz" gegeben hat; hier war es auch, wo im Mai 1855 die Arbeiten ihren Anfang genommen haben.

Da wir etwas ermüdet hier angekommen sind, so lassen wir die Wendeltreppe, die zum höchsten Theil der Burg führt, vorerst unbestiegen und gehen am nördlichen Ende des Brunnenplatzes durch den Gang zur Linken nach dem Raume, wo die Wappen eingemauert sind, die an dieser Stelle ausgegraben wurden. Verschiedene Schlinggewächse geben dem früheren Wartthurme ein freundliches Ansehen und die Bänke um den steinernen Tisch laden zum Ausruhen ein. Das große Wappen in der Mitte ist das Reinhards von Sickingen, Sohnes Franz Conrads, und seiner Ehefrau Katharina Hund von Saulheim; das kleinere rechts oben — vom Beschauer — ist das Flörsheimische, darunter das der Herren von Anblaw, ein gelbes Kreuz im rothen Felde; die beiden Wappen links sind noch nicht aufgeklärt.

Wir verlassen diese freundliche Stelle und treten durch ein Thor, auf welchem sich die Jahrzal 1125 befindet, nach dem Innern des Schlosses, welcher Theil auch seine schönen Seiten aufzuweisen hat. Zur Linken frühere Wohngebäude, die, nach den Resten der Pfeiler und den mitunter noch wohlerhaltenen Sculpturen zu urtheilen, prächtig gewesen sein müssen, mit großem Thorbogen nach der Stadtseite; rechts der große Fels, hier senkrecht in die Höhe steigend, und vor ihm ein großer Platz, der Hauptplatz am Pfingstfeste, in dessen Mitte ein etwa 10 Fuß tiefer Brunnen mit sehr gutem Wasser. Unten an dem großen Felsen bemerken wir eine Vertiefung mit einer Rosette, welche Stelle in frühesten Zeiten wohl ein Altar war; der Durchgang durch den Fels unmittelbar darüber heißt im Munde des Volkes heute noch „das Kapellchen"; links oben ist auch die 50pfündige Bombenkugel eingelassen, welche bei der Wegräumung des Schuttes oberhalb des großen Thurmes gefunden wurde. Ein wohlerhaltenes Thor bringt uns nach der Schloßkapelle, wo uns beim Eintritt an dem Thorbogen Franz von Sickingens Losungswort, wie es auf seinen Geldmünzen steht, entgegentritt:

ALLEIN. GOT. DI. ER-LIEB. DEN. GEMEINE NUCZ-BESCHIRM. DI. GERECHTIKEI=.

Die Kapelle wurde, wohl im Laufe des 30jährigen Krieges, in eine Küche umgewandelt; darauf deutet der noch vorhandene Wasserstein, wie auf dem jetzigen Rasen sich früher auch ein Backofen befunden hat.

Wenige Schritte weiter, und wir befinden uns dem Walde gegenüber. Doch werden wir von diesem durch den früheren Schloßgraben getrennt, und während wir an dem einsamen Orte einige Augenblicke stille stehen und von dem frischen Grün, das aus dem alten Gemäuer hervorsproßt, an die mächtige Zerstörerin der Menschenwerke und die immer von neuem schaffende Hand des Schöpfers ermahnt werden, ziehen die Töne einer Aeolsharfe wie Geisterwehen an unsern Sinnen vorüber, mächtige Gestalten tauchen aus dem Dunkel der Vergangenheit hervor und Bilder in zahlloser Menge tummeln sich auf dem engen Raume. Unfern dieser Stelle war es, wo

Franz von Sickingen tödtlich verwundet wurde, und ganz in der Nähe ist der große Thurm, auf dessen dicke Mauern der Ritter umsonst vertraut hatte.

Das Wappen, das uns hier aus Epheu und Jasmin auf einem Postamente entgegenblickt, ist das Sickingen'sche mit jenem der oben erwähnten Familie Anblaw, und befand sich wohl früher oberhalb des Einganges zur Kapelle. Wir betrachten nun den großen Thurm und den gegenüber — östlich — gelegenen Felsen, von wo aus er in Trümmer gelegt wurde, und steigen durch die in der Schloßkapelle vorhandene Treppe in „die Hölle", wohin man Fackeln mitnimmt, um durch einen bombenfesten Gang nach dem sogenannten Rittersaal im großen Thurme zu gelangen, worunter man sich ein großes gemauertes, zum Theil aus Felsen bestehendes Kellergewölbe vorzustellen hat. Keine pfälzische Burg hat eine großartigere Halle aufzuweisen. Am Ende derselben befindet sich eine Oeffnung, und es heißt, daß von hier früher ein geheimer Gang bis nach dem eine Stunde entfernten Dorfe Kindsbach geführt habe, was übrigens in Beziehung auf jene Oeffnung auf eine nach dem Bahnhofe sich öffnende Schießscharte, die jetzt verschüttet ist, reducirt werden muß.

Wir verlassen den großen Thurm durch eine sehr kleine Oeffnung und kehren nach dem Brunnenplatze zurück, um den hohen Felsen mittelst der Wendeltreppe zu ersteigen. Unten bemerken wir das Sickingen'sche Wappen mit der Jahrzahl 1517, in welchem Jahre Franz von Sickingen die Burg und Grafschaft erhielt, und betreten wenige Schritte davon das „weiße Kreuz", das jetzt zugängliche Gewölbe, in welchem, wie oben erwähnt, Franz gestorben sein soll.

Wie es von Interesse ist, daß Franz von Sickingen, welcher sich nur ausnahmsweise auf dieser Burg aufhielt, auf derselben sterben sollte, so ist es auch nicht uninteressant, daß den Fremden die Stelle gezeigt werden kann, wo er verschieden ist, und man kann um so gewisser sein, daß die allgemeine Behauptung, Franz sei am weißen Kreuz gestorben, richtig ist, als die Nachkommen, welche erst 1794 ihr Schloß im Städtchen verlassen mußten, von ihren Altvordern wohl überkommen haben mochten, an welcher Stelle ihres ehemaligen Schlosses ihr Ahne Franz sein Leben beschloß.

Angekommen auf der Höhe des großen Felsens tritt uns ein schönes landschaftliches Bild entgegen. Rechts der Donnersberg mit seinem dreifachen Rücken, der Selberg und Dreikönigsberg bei Wolfstein, der Potzberg und malerisch umherliegende Ortschaften, als: Rodenbach, Eulenbiß, Schwedelbach und Weilerbach, Ramstein, Miesenbach u. m. a. Das große Gebäude unten im Städtchen links ist das katholische Waisenhaus für die Pfalz, in welchem in neuester Zeit auch zwei Waisen aus dem Badischen Aufnahme fanden. Es befinden sich gegenwärtig etwa 130 Kinder in demselben. — Auf der Rückseite der Burg ist die

Aussicht durch den Kahlenberg beschränkt, der sich eine Viertelmeile davon bis zu 1520 Fuß erhebt.

Wir haben in der Pfalz ausgedehntere, großartiger restaurirte und schöner gelegene Burgen, dennoch wird der Besucher der Ruine „Sickingen bei Landstuhl" befriedigt zum Städtchen zurückkehren und dessen Bewohnern seine Anerkennung für die Theilnahme nicht versagen können, welche sie für ihre historisch denkwürdige Ruine schon seit den 6 Jahren, daß die Ausgrabungen fortdauern, an den Tag gelegt haben. Wir wünschen, daß auch die Beiträge von Seiten des königl. Präsidiums der Pfalz fortdauern mögen, damit die vollständige Ausgrabung bald ausgeführt werde.

Indem wir schließlich für die Bereitwilligkeit, mit der man uns beim Sammeln der Notizen so freundlich entgegen kam, hiermit herzlich danken, fügen wir den Wunsch bei, die gastfreundlichen Bewohner Landstuhls mögen wie bisher fortfahren, ihren Eifer für die Verschönerung ihrer Burg nicht erkalten zu lassen.

II.
Das Fräulein von Flörsheim auf Landstuhl.

Eine Novelle aus der Zeit
des
Franz von Sickingen.

I.

„Weiß nicht," sagte der Burgwart Kuno auf Landstuhl zu seinem Weibe Petronella, „weiß nicht, Nelle, unser Gast will mir gar nicht gefallen. Das ewige Lächeln auf den Lippen und die honigsüßen Worte kommen mir gerade vor, wie Mückengift mit Zucker bestreut. So zart und täubchenhaft fromm geberdet sich kein rechtschaffener Mann."

„Wie Du doch sonderbar redest, Kuno!" entgegnete Petronella. „Der Herr hat gar feine Sitten und Manieren und ist nicht mit Schwert und Helm vertraut, weßhalb sein Thun und Lassen auch nur auf Dinge friedlicher Art gerichtet ist."

„Dinge friedlicher Art!" spottete Kuno. „Nennst Du das eine friedliche Art, wenn einer mit seinem Gänsekiel den armen Leuten viel gefährlichere Wunden schlägt, als die Schwerter unserer tapfersten Ritter es je vermögen? Sage, Nelle, da Du ihn doch so sehr in Schutz nimmst, warum hat er denn aus Worms fliehen müssen, der friedliche Mann? He? Gelt da schweigst Du; gelt da hat Dich Dein Scharfsinn verlassen! So seid ihr aber, Du und Dein gan=

zes Geschlecht; nur eine glatte Oberfläche, wenn man euch nur recht schön in's Gesicht thut."

„Aber Kuno, wie magst Du auch so von Deiner alten Petronella reden! Ich glaube, wir sind beide in den Jahren, wo man nicht mehr auf solche Kindereien achtet!"

„Gerade deßhalb," eiferte der Alte, „gerade weil Du in den Jahren bist, die man das letzte Viertel zu nennen pflegt, solltest Du das Falsche vom Wahren zu unterscheiden wissen. Sieh, dieser Herr Schlör, dieser Rechtsverdreher aus Worms, der in seiner Vaterstadt durch sein Geschreibsel einen solchen Durcheinander gemacht hat, daß unser Ritter mit dem Schwerte dreinhauen muß, um Alles wieder in Ordnung zu bringen, dieser Notar, wie sie ihn nennen, ist in meinen Augen ein —"

„Kuno, halte ein!" unterbrach ihn Petronella, ihm die Hand auf den Mund legend. „Die Wände haben Ohren, und da ihm unser gnädiger Herr Ritter Schutz auf seiner Burg Landstuhl gewährt hat, dürfen wir nichts Böses von ihm reden. Du weißt, daß Sickingen keinen Spaß versteht und es nicht leiden mag, wenn Andere sein Thun und Lassen deuten. — Doch sage, Kuno, wie war denn die Geschichte mit Worms? Aufrichtig gestanden weiß ich nicht recht, warum der Herr Schlör eigentlich hier ist und was unsern Ritter veranlaßt hat, wegen seiner einen Zug gegen Worms zu unternehmen."

„Siehst Du, daß ich Recht habe, Nelle!" sagte

Kuno, selbstgefällig lächelnd. „Ihr urtheilt meist nach dem äußern Schein und geht selten der Sache auf den Grund. Ja, ja, seit die Eva in den rothbackigen Apfel gebissen hat, gefallen euch die schönen glatten Worte eines jungen Fanten nicht minder, als sein glattes Gesicht. Doch so wie der schönste Apfel zuweilen einen Wurm in sich schließt, ist auch das Herz manches glatten Menschen von einem Wurm angefressen, den der Schelm geschickt zu verbergen weiß."

„Immer mit Deinen Gleichnissen!" sagte Petronella lächelnd, „immer bist Du doch mit einem Exempel zur Hand, um einem Deine Behauptung recht eindringlich an's Herz zu legen. Nun, wie ist's? wirst Du mir die Geschichte mit Worms bald erzählen?"

„Sieh, Nelle, fuhr Kuno fort, „das ist ein eigen Ding mit dem Schlör und unserm Ritter, welch letztern die Stadt Worms eigentlich gar nichts angeht. Aber Du weißt ja! — nun ich will davon nicht viel reden, da, wie Du ganz richtig bemerktest, die Wände Ohren haben. Die Sache verhält sich so:

„Die freie Stadt Worms, die nach keinem Menschen etwas zu fragen hat und den Kaiser nur insofern als das Oberhaupt des deutschen Reiches anerkennt, als er die deutsche Krone tragen und nöthigenfalls einen Reichstag in der uralten Stadt abhalten darf, hat wegen einer Kleinigkeit einen gar argen Aufstand zu bekämpfen gehabt. Die Bürger haben nemlich eine Viehweide, die ihnen vor undenklichen Zeiten geschenkt wurde, so zu ihren Gunsten benützen wollen, daß die Bestimmungen in der Schenkungsurkunde dadurch verletzt worden wären. Dort ist es ausdrücklich und mit klaren Worten festgesetzt, wie lange das Vieh sich täglich auf der Weide aufhalten dürfe; die Bürger aber wollten sich an keine Zeit binden und benützten die Weide vom frühen Morgen bis in die Nacht hinein. Bürgermeister und Rath widersetzten sich diesem Eingriff und erließen strenge Befehle gegen die Bürger. Es gab anfangs Wortwechsel und endlich gar arge Auftritte, die sich auf den höchsten Grad steigerten, als mehrere gefänglich eingezogen wurden.

„Nun gab es Einige, die schon längst in den Rath hatten kommen wollen, und diese benützten die Gelegenheit, um ihr Vorhaben durchzusetzen. Zu ihnen gehörte auch der Notar Schlör, der weit und breit als der tüchtigste Federheld und Rechtsverdreher bekannt ist. Er reizte die Bürger auf, wies ihnen aus allen möglichen Büchern und Schriften nach, wie sie in ihrem vollen Rechte wären, und ruhte nicht, bis Alles in Feuer und Flammen gerieth, so daß das Schlimmste zu befürchten war.

„Doch behielt der Rath die Oberhand und die Ruhe ward wieder hergestellt. Die Rädelsführer wurden bestraft, und Schlör, als der Hauptanführer, am strengsten. Seine Güter wurden eingezogen und er selbst aus der Stadt und deren Gebiet verjagt.

Da kam er auf Landstuhl zu unserm Herrn, klagte ihm seine Noth und erzählte ihm ein Weites und Breites von dem Unrecht, das ihm geschehen sei. Unser Ritter hörte ihn gelassen an und fragte ihn endlich: Aber mein lieber Freund, was geht das mich an? worauf ihm Schlör erwiederte, daß er nicht gerade für sich allein und in seinem Namen komme, sondern im Namen der Bürgerschaft, die sich weder zu rathen noch zu helfen wisse und unter dem Drucke des Rathes erliegen müsse. Sie wollten daher ihre Zuflucht zu dem Ritter nehmen, dessen Heldenarm alle Unterdrückten beschütze.

„Das, Nelle, veranlaßte unsern Herrn, gen Worms zu ziehen und die Sache mit seinem scharfen Schwerte wieder glatt zu machen. Der Schlör aber bleibt so lange unser Gast, bis Sickingen die Sache ausgekämpft und ihm sein Hab' und Gut gerettet haben wird."

„Das finde ich ganz natürlich, Kuno," sagte Petronella. „Der gelehrte Herr, der nie gelernt hat, mit dem Schwerte umzugehen, würde gar schlecht in's Lager passen, wo es Hiebe über Hiebe absetzt und Hauen und Stechen an der Tagesordnung ist."

„Ich sage nicht, Nelle, daß er dahingehen und sich den Rücken bläuen lassen sollte. Ich gebe es gerne zu, daß er hier bleibe und den Ausgang der Sache abwarte. Aber das gefällt mir nicht an ihm, daß er hier als Gast den verkappten — wie soll ich doch sagen — den Iltis in der Taubengestalt spielt."

„Wie soll ich das verstehen, Kuno?"

„Sonderbar!" sagte der Schloßwart, „ich möchte um alle Welt wissen, wer euch so viel Scharfsinn zugeschrieben und behauptet hat, Frauenlist gehe über Alles. Siehst Du denn nicht, daß der schlaue Herr ein Auge auf das gnädige Fräulein gerichtet hat?"

„Auf Fräulein Jutta?"

„Auf Fräulein Jutta von Flörsheim, unseres Herrn Schwägerin! Und das siehst Du nicht? Ei ei, Nelle, Du wirst alt, sehr alt, wenn Deine Augen das nicht sehen, was doch allen Dienstmannen, bis auf den lahmen Christoph herunter, kein Geheimniß mehr ist. Verfolgt er ja das Fräulein auf allen Schritten und Tritten, erspäht er ja jede Gelegenheit, um der schönen Jutta in die himmelblauen Augen zu sehen, und ist freundlich gegen Jedermann, wenn er nur glaubt, das Fräulein habe seinen Gruß mit einem freundlichen Kopfnicken erwiedert. Ich habe das schon oft bemerkt, Nelle, und die Zofe des Fräuleins, die schlaue Brigitte, lacht sich immer in's Fäustchen, wenn sie den Menschen mit seinen Luchs=augen einherschleichen sieht. Mir ist's aber nicht zum Lachen, das sage ich Dir, und ich fürchte, ich fürchte —"

„Was hast Du zu befürchten, Kuno?" fragte Petronella leicht hinwerfend, „was geht es Dich an, wenn Jemand thöricht genug ist, sich den Kopf mit Gedanken anzufüllen, die zu nichts führen? Fräulein von Flörsheim, die Schwester unserer verstorbenen

Herrin, Gott hab' sie selig, hat schon manchen Ritter abfahren lassen, der Gott weiß wie viel Dutzend Ahnen zählte, da sie nur der Erziehung von Sickin= gens Söhnen leben will, und wir wissen ja, wie sehr sie Sickingen deßhalb hochschätzt und —"

„Sprech es nur aus, Nelle, sage nur: wie sehr er sie liebt. O ich weiß Alles, und wenn auch Dein Kuno sein Lebenlang im Harnisch geschwitzt und manchen Strauß durchgekämpft hat, so blieb ihm doch Zeit genug übrig, um ein klein wenig in der Men= schen Herz zu schauen und zu erforschen, wie's drinnen aussieht. Ja, es ist mir schon seit Monden kein Geheimniß mehr, daß unser Ritter Jutta über alles liebt und sie um keinen Preis von sich wird trennen lassen."

„Was hindert ihn denn," fragte Petronella, „die Schwägerin zur Burgfrau zu erheben?"

„Das wäre freilich so ein Fest für Dich," er= wiederte Kuno lächelnd, „da gäb's einmal wieder eine Hochzeit und was Lustiges auf Landstuhl, wo man seit langer Zeit gewohnt ist, nichts anderes zu thun, als Helme zu putzen und Schwerter zu wetzen. So dachte auch ich zuweilen; doch Sickingen denkt anders. Zwei Dinge sind's, die ihm das Gelübde abgezwungen haben, sich nie mehr zu verehelichen: Vorerst die Liebe zu seiner verstorbenen Gemahlin Hedwig von Flörsheim, deren Andenken ihm heilig ist, und dann das traurige Bewußtsein, daß sein Vater Schweikard von Sickingen von Kaiser und Reich geächtet wurde und im besten Mannesalter auf dem Blutgerüste starb. Ewig werde ich jenen Tag nicht vergessen. Der Held stand wie eine geknickte Eiche bei der traurigen Nachricht da; Thränen flossen über sein ernstes Gesicht und er gelobte sich mit einem fürchterlichen Eide, fortan nur der Rache zu leben und keinem andern Gefühle Raum zu lassen, als dem, seinen Vater zu rächen."

„Und doch!" fiel ihm Petronella in's Wort.

„Und doch," fuhr Kuno fort, „und doch beschlich ihn ein Gefühl, das sich ganz und gar mit der Rache nicht verträgt? Nicht wahr, das willst Du sagen? Ja ja, so ist's, Nelle! Dein Geschlecht hat hier einmal wieder einen Triumph gefeiert, auf den es stolz sein darf; denn Sickingen's eisernen Willen hat noch kein Mensch gebrochen, und schwerlich dürfte es eine Macht in der Welt geben, die sich eines solchen Sieges rühmen kann. Aber die Liebe, diese unsichtbare Zauberin, die Eisenherzen zu erweichen und Memmen in Helden zu verwandeln vermag, hat hier ihr Meisterstück gemacht und selbst den trotzigen Willen eines Sickingen gebrochen. Ja, Franz liebt, liebt mit der ganzen Kraft seines großen Herzens und schwärmt für den Gegenstand seiner Liebe, der ihn wachend und träumend beschäftigt. — Aber Niemand darf etwas davon erfahren, und selbst Jutta weiß nicht, daß der Held für sie erglüht."

„Und Du weißt es, Kuno?" fragte Petronella zweifelnd.

„Ich weiß es! Ja, Nelle, ich, der Schloßwart auf Landstuhl, weiß es so gewiß, als es die Henne weiß, wie viele Küchlein sie unter ihren Flügeln birgt."

„Aber wie, Kuno?"

„Wie?" entgegnete der Alte schmunzelnd, „sieh, Nelle, so ein alter Knappe hat manche Vorrechte, von denen ihr gewöhnliche Menschenkinder keine Ahnung habt, und so wie der treue Jagdhund allein das Recht hat, das Schlafgemach mit seinem Herrn zu theilen und sich auf der zottigen Bärenhaut vor seinem Lager zu strecken, so steht auch dem treuen bewährten Diener das Recht zu, seinen Gebieter, den er als hilfloses Kind auf den Knien geschaukelt, in seinen geheimsten Stunden zu belauschen. Ja, unser Herr liebt Fräulein Jutta, wie ein Mann nur zu lieben vermag; aber das steht fest, daß sie nie eine Ahnung von den Gefühlen bekommen wird, die sie in ihm geweckt hat. Sickingen hat sich geschworen, sie ewig zu lieben und seine Liebe ewig geheim zu halten."

„Das ist ein seltner Fall, Kuno!" sagte Petronella.

„Glaub's gern", erwiederte der Alte, „selten und fast unerhört! Doch läßt sich von unserm Ritter etwas anderes erwarten? Seelenstärke und Willenskraft wohnen nicht in Jedermanns Brust, und Sickingen beweist mit dieser Liebe, daß er einen eisernen Willen hat, von dem er sich nicht beherrschen läßt, sondern dem er gebietet und vorschreibt, wie er walten solle. — Doch wir haben unsern Gast ganz aus den Augen verloren. Nach dem, was ich Dir jetzt mitgetheilt habe, kannst Du Dir wohl denken, daß unser Ritter, wenn er bei seiner Heimkehr nur den leisesten Wink bekäme, daß der Notarius das Fräulein mit verliebten Blicken verfolgt habe, Feuer und Flamme sprühen würde und es auch für mich manches harte Wort absetzen möchte. Da es nun meine Pflicht ist, das Haus meines Herrn vor jedem Ungemach zu schützen, so darf ich den verliebten Rechtsverdreher nicht aus den Augen lassen; ich werde ihm wie ein Spürhund auf Schritt und Tritt folgen, und wehe ihm, wenn er es wagen sollte, unserm Fräulein mit einem Worte zu verrathen, was in seinem Innern vorgeht."

Begeistert wie ein Jüngling verließ der treue Diener den Wartthurm und begab sich in den Garten, wo Fräulein Jutta von Flörsheim auf einer Rasenbank saß und dem Spiele lächelnd zusah, an dem sich Sickingens drei Knaben ergötzten.

II.

Das Lied von den „Niebelungen", dieses Meisterstück altdeutscher Dichtkunst, dessen hohen Werth man erst in neuerer Zeit wieder schätzen lernte, war damals fast ganz vergessen und nur von einigen

Auserwählten gekannt, deren Geschmack geläutert
genug war, um den tiefen Sinn und die Fülle des
Reichthums zu erfassen, den der unbekannte Dichter
in diese große Schöpfung zu legen wußte. Der ge=
lehrte Notarius Schlör aus Worms war einer
dieser Begabten, und auf jenem klassischen Boden
erzogen, wo Chrimhildens Rosengarten geblüht
haben soll, hatte er schon in frühester Jugend das
rechte Rheinufer oft besucht, um die Stelle zu er=
mitteln, auf der die burgundische Prinzessin der Sage
nach einst ihre Lieblingsblumen pflegte. Er schwärmte
auf der weiten Ebene umher, glaubte nicht anders,
als er müsse hier und dort Spuren von den Helden
jenes Liedes auffinden, und trotzdem, daß er von
dem besungenen Feengarten nichts anderes vorfand,
als ein wildwachsendes Weidengebüsch, konnte er sich
doch des Gedankens nicht entschlagen, als es seien
die Lüfte umher noch mit den balsamischen Wohlge=
rüchen angefüllt, die ehemals den Hofhalt des Königs
Günther umgaben.

Diese Poesie der Jugendjahre verschwand mit
dem reifern Alter des Jünglings, als ihn der Ernst
des Lebens erfaßte und ihn mit seiner Zeit und deren
Anforderungen vertraut machte. Die Gebilde der
Phantasie machten andern Eindrücken Platz, die
Schlörs feurige Seele nicht minder erfüllten, als es
früher die Fabel mit ihren Zauberbildern gethan
hatte. Ein unersättlicher Ehrgeiz hatte aus dem
Schwärmer einen bösen Menschen gemacht, und der

einstige Bewunderer der göttlichen Dichtkunst war der Sklave ehrsüchtiger Pläne geworden, der kein Mittel unversucht ließ, um sich auf eine kaum erreichbare Höhe emporzuschwingen. Wie wir gesehen haben, war dieser Plan mißlungen und der von aller Welt aufgegebene Schwärmer hatte den Beistand eines allenthalben gefürchteten Ritters angerufen, der ihm seine verlorene Habe wieder erkämpfen sollte.

Der alte Burgwart Kuno auf Landstuhl hatte den Gast seines Herrn richtig beurtheilt, und Schlör war wirklich für die schöne Jutta von Flörsheim in Liebe entbrannt. Die Jugendträume waren in dem ernsten Geschäftsmanne wieder erwacht und das Lied der „Niebelungen" tauchte von Neuem in seinem Gedächtnisse auf. Die Feierklänge der holden Minne hallten in seinem Herzen wieder und Bilder aus fernen Zeiten entstiegen dem Dunkel der Vergangenheit und zeigten sich in ihrem lebhaften Farbenschmuck. Sickingens Gast vergaß es, daß man ihm die Thore zur Burg Landstuhl nur aus Mitleid geöffnet hatte, und arbeitete sich in seinen einsamen Stunden so in das von ihm selbst gewebte Netz hinein, daß er ihm nicht mehr zu entkommen wußte. Der Wormser Unruhestifter war unversehens ein schmachtender Liebhaber geworden und Jutta von Flörsheim hatte den Notar fast vergessen lassen, daß er der Wiedererlangung seiner eingezogenen Güter harre und ohne Sickingens Beistand ein armseliger Bettler wäre.

Die Schwägerin des Burgherrn kam ihrem Gaste mit aller Zuvorkommenheit entgegen, durch die sich die Burgfrauen früherer Zeiten so vortheilhaft ausgezeichnet hatten. Die rohe Fehdelust des damaligen Ritterthums hatte die gute Sitte der Frauen nicht sehr beeinträchtigt und ihnen jene Galanterie nicht ganz entziehen können, die ihnen aus der Zeit der Meistersänger noch übrig blieb. Selbst mitten im geräuschvollen Kriegsgetümmel waren sie noch empfänglich für Sagen und Lieder der Vorzeit und hörten's gerne, wenn ihnen eine gewandte Zunge Abenteuer aus der Vergangenheit vortrug und sie gleichsam in jene Zeit versetzte, wo mancher Sänger sein ganzes Leben dem Dienste der Frauen widmete.

Jutta von Flörsheim gehörte zu diesen poetischen Naturen. Voll der edelsten Gefühle für alles Schöne und Erhabene, hätte es nur der Hand eines Meisters bedurft, um diese herrliche Blume zur Zierde des ganzen Ritterthums heranzuziehen. Aber Jutta, die ihre Schwester Hedwig frühzeitig von der heimathlichen Burg hatte ziehen sehen, um Franz von Sickingen nach Ebernburg zu folgen, hatte die Pflege ihres alten Vaters übernommen, und als dieser gleichzeitig mit Sickingens Gemahlin das Zeitliche gesegnet hatte, sich der Erziehung ihrer Schwestersöhne, dreier hoffnungsvoller Knaben, hingegeben, so daß sie sich schon frühzeitig dem Haushalte hatte widmen müssen, wobei die Poesie von dem Ernste des Lebens etwas in den Hintergrund gedrängt wurde.

Der Gast aus Worms war dem Fräulein als solcher willkommen und wurde mit aller Zuvorkommenheit behandelt, die einem Manne von Bildung gebührt. Da entstand jene Leidenschaft in ihm, die keine Verschiedenheit der Stände kennt und alle Schranken überschreitet, um zum vorgesteckten Ziele zu gelangen. Schon beim ersten Begegnen war ihm Jutta wie eine hehre Gestalt erschienen, wie sie ihm in seinen Jugendjahren oft vorgeschwebt und womit er sich seine süßen Träume ausgeschmückt hatte. Er staunte die kaum geahnte Schönheit an, als wäre ein Engel des Himmels zur Erde herniedergestiegen, um den Menschen eine Ahnung vom höchst Vollkommenen zu geben. Und in der That war Jutta von Flörsheim ein vollkommenes Bild der Anmuth und des Liebreizes. Ihr himmelblaues Auge sah frisch und ungetrübt um sich her, als suche es nur glücklichen Menschen zu begegnen; ihr lächelnder Mund verkündete einem Jeden Seelenfrieden, und ihre majestätische Gestalt flößte Achtung und Bewunderung ein, zog mit einer magischen Kraft zu sich hin und verscheuchte den Nahenden hinwieder, der, vom Abglanze der überirdischen Schönheit geblendet, scheu zurückwich. Vollkommen als schönes Weib, war Jutta auch unübertrefflich an Herzensgüte und in der Schärfe des Verstandes, der überhaupt dem edlen Geschlechte der Flörsheim eigen war.

Eines Tages saß Jutta mit ihrer Zofe Brigitte auf dem Söller, der eine angenehme Aussicht auf das Wiesenthal ringsumher gewährte. Brigitte, die ihre Herrin innig liebte, war eine muntere und zugleich geistreiche Dienerin, die Jutta's Vertrauen in hohem Grade besaß. Oft schon hatte sie die trüben Wolken zu verscheuchen gewußt, die Jutta's Stirne umzogen, wenn sie der Gefahren gedachte, denen sich der Ritter von Neuem aussetzte. Brigitte tröstete sie nicht nur mit ihrer festen Ueberzeugung, daß Sickingen unüberwindlich sei, sondern bekräftigte diese Ueberzeugung noch mit der Mittheilung, daß ihr eine Zigeunerin, die ihr vor wenigen Wochen in die Hand gesehen, die Versicherung gegeben habe, daß die Edlen von Sickingen einst eine Krone in ihrem Wappen tragen würden. Jutta lächelte über das kindische Mädchen und ließ die holde Schwätzerin ungestört plaudern.

Heute hatte die Unterhaltung eine andere Wendung genommen, und kaum hatten Herrin und Dienerin Platz genommen, als letztere in ihrem ewig schäkernden Tone des Gastes auf der Burg erwähnte und ihre Herrin fragte, ob ihr wohl das Glück zu Theil werden würde, auch ein Stückchen von dem schönen Gedichte anhören zu dürfen, das der gelehrte Mann heute vorlesen wolle.

„Das versteht sich von selbst, Brigitte!" antwortete Jutta lächelnd. „Wer weiß, ob ich nicht Deines Beistandes bedarf, wenn sich die Unzahl von Rittern und Knappen, Kobolden und Zwergen um mich her tummelt und mich unversehens in ihren Kreis zieht.

Bleibe daher nur, Brigitte! Aber das sage ich Dir, unterlasse mir Deine Neckereien und höre ruhig mit an, was uns die Mähr berichten wird."

„O ich will ruhig sein, Fräulein!" entgegnete die Zofe, „ruhig wie ein Karthäuser und stille wie ein Trappist. Wie freue ich mich, einmal wieder etwas aus der guten alten Zeit zu hören, wo noch Treu' und Glaube unter den Menschen war, wo es noch Riesen und Zwerge gab und man das Kreuz schlug, wenn von einem Drachen oder einer gefeiten Nebel=kappe die Rede war, die den mit ihrer geheimen Kraft Beglückten unsichtbar machte, je nachdem er sie über das rechte oder linke Ohr zog. Ja, gnä=diges Fräulein, das waren noch Zeiten, wo auch für uns arme Kammerzofen zuweilen ein Ritterlein abfiel, wenn gerade kein Burgfräulein mehr aufzu=treiben war."

„Stille, Schwätzerin!" sagte Jutta, „unser Gast kommt. Jetzt sei artig und benehme Dich vernünftig."

Bei diesen Worten öffnete sich die Flügelthüre, die auf den Balkon führte, und Schlör trat heraus, sich tief vor dem Fräulein verneigend.

„Wir haben Euch erwartet, Herr Notar", sagte Jutta freundlich. „Nehmet Platz und beginnet mit dem Vortrage des so sehr gerühmten Heldengedichts."

„Es ist mehr als das, gnädiges Fräulein", sagte Schlör. „Es werden in diesem Gedichte weniger die Heldenthaten tapferer Ritter, als der Liebreiz holder Frauen besungen. D'rum hat auch dieses

hohe Lied sogleich nach seinem Entstehen so großes
Aufsehen erregt. Doch Ihr befehlt, daß ich beginne,
edles Fräulein?"

„Wenn es Euch beliebt."

Schlör fing nun an, den ersten Theil des „Nie=
belungenliebs" vorzutragen. Er behielt den Ur=
text bei, den er geläufig und mit großer Gewandt=
heit wiedergab. Die erste Strophe lautete:

„Uns ist in alten mären wunders viel geseit (gesagt),
„Von helden lobebären, von grojer arebeit,
„Von fröden und hochzeiten, von weinen und von
chlagen,
„Von chuoner recken (kühner Helden) streiten muget ihr
nu wunder heren sagen."

Die unklaren und dem Verständnisse des Un=
gelehrten nicht ganz zugänglichen Ausdrücke und
Redeweisen wußte er mit solcher Geistesschärfe in
eine verständliche Sprache zu übertragen, daß Jutta
seinen Worten mit der größten Spannung lauschte
und das Meisterwerk fast vergaß, um ihre unge=
theilte Aufmerksamkeit dem zuzuwenden, der es so
kunstgerecht vortrug. Schlör war über diese Wahr=
nehmung entzückt und wähnte sich glücklich mit dem
Bewußtsein, des Fräuleins Gunst erworben zu haben.
Er hatte Welterfahrung genug, um zu wissen, daß
zuweilen schöne Worte, selbst dem Geiste eines An=
dern entsprungen, einen tiefern Eindruck machen,
als die Ergießung der eigenen Herzenssprache. Er
wendete daher alle ihm zu Gebote stehende Gewandt=

heit auf, um die vorkommenden Liebesscenen mit aller Gluth einer erhitzten Phantasie auszumalen. Er besaß die Gabe, seine Stimme mit Leichtigkeit zu lenken und sie jeder Gemüthsbewegung anzupassen. Er wußte mit dem Trauernden zu klagen und mit dem Fröhlichen zu jauchzen, und so stellte er in seinem Vortrage ein Bild des tiefsten Schmerzes und des höchsten Entzückens dar. Sein Auge strahlte vor Wonne, als er sich immer mehr in Jutta's Anschauen vertiefte, die, ganz hingerissen von den bezaubernden Worten des begeisterten Mannes, endlich ihrer Zofe um den Hals fiel und ihre heiße Wange an die des entzückten Mädchens preßte, das selbst in Fiebergluth entbrannte.

Schlör schien sein Ziel erreicht zu haben. Jutta war, wie er es sicher glaubte, gewonnen, und er nahm sich vor, bei der ersten Gelegenheit mit dem begonnenen Werke fortzufahren, die bisher gehabte Scheu abzulegen und dem Fräulein zu gestehen, daß ihn nur seine eigene Liebe habe begeistern können, die Leiden und Freuden Anderer mit solchem Zauber zu malen, und ihm die Helden des Gedichtes nur die Worte geliehen hätten, um seine eigenen Gefühle auszusprechen.

Von diesen Gedanken erfüllt verließ er die beiden Mädchen, die noch lange in dem Genusse schwelgten, den ihnen ihr Gast bereitet hatte.

III.

Der alte Burgwart **Kuno** war äußerst geschäftig; denn es war die Nachricht auf Landstuhl eingetroffen, daß der Burgherr mit einem großen Theil seiner Mannen auf dem Schlosse ankommen werde, um von der Anstrengung des Feldzugs gegen Worms auszuruhen und sich des errungenen Sieges zu freuen. Sickingen habe, so lautete die Botschaft, reiche Beute gemacht und den Trotz der Reichsstädter gebrochen, die ungeachtet aller Beharrlichkeit sich gegen das tapfere Heer des Ritters nicht hätten halten können.

Und so war es auch. Sickingen zog mit Schätzen beladen gen Landstuhl heim und gedachte kurze Zeit der Ruhe zu genießen und sich im Kreise seiner Familie zu erholen.

Rührend war der Willkomm der drei Knaben bei der Ankunft ihres Vaters. Franz, in einer Zeit des verwilderten Ritterthums geboren und erzogen, und auch aus eigener Neigung ritterlichen Fehden und der üblichen Kampfeslust nicht abhold, war auf einmal wieder der zärtliche Vater geworden. Er schloß den einen um den andern seiner Lieblinge in seine Arme und an seine, von einem schweren Panzer umschlossene, Brust. Er streifte die Locken aus den Schläfen der holden Knaben, küßte sie auf Stirne und Wange und ließ manche Thräne auf ihre geliebten Häupter fallen, während er kaum hörbar den Namen „Hedwig" lispelte und einen Blick gen Himmel richtete. Doch faßte er sich bei Jutta's Anblick wieder, ergriff ihre Hand und sagte mit einer bewegten Stimme, wie sehr es ihn heimgezogen habe, um die Knaben und sie selbst wieder zu sehen.

In Sickingens Begleitung befanden sich mehrere Ritter, die ihm während der letzten Fehde treue Kampf= genossen waren. Er hatte die Freunde nach Land= stuhl eingeladen, um sich in Küche und Keller zu laben und an den Jagden zu ergötzen.

Zu ihnen gehörte auch ein Jüngling, den Sickingen besonders bevorzugte. Er nannte ihn zu wiederholten Malen sein „festes Schild" und stellte ihn seiner Schwägerin Jutta als den edlen Hans Kranch von Kirchheym vor. Jutta hieß ihn freund= lich willkommen und kredenzte ihm den Becher, den ihr ein Knappe überreicht hatte, mit eigenen Händen. Der Ritter dankte mit einem freundlichen Lächeln und trank auf das Wohl der schönsten Jungfrau des deutschen Reichs.

Jutta erröthete und schlug die Augen nieder; denn Kranch hatte ihr so tief in dieselben gesehen, daß sie seinen Blick kaum ertragen konnte. Die Bilder aus den „Niebelungen" hatten sich noch nicht aus ihrem Gedächtnisse verwischt, denn Schlör hatte ihr dieselben so tief in's Herz gelegt, daß sie lebendig vor ihrem Geiste standen, den sie wachend und träu= mend beschäftigten. Kranch aber schien ihr einer jener Helden zu sein, der, dem Dunkel der Vergangen=

heit entstiegen, sich ihr im Glanze seiner ganzen Ritterlichkeit zeigte. Ein Jüngling in den blühendsten Jugendjahren, und strotzend von der Fülle ungestörter Gesundheit, stand er der liebreizenden Jungfrau gegenüber, und alle Umstehenden ergötzten sich an dem Anblick des holden Paares, das in der höchsten Vollkommenheit aus der Hand des Schöpfers hervorgegangen zu sein schien. Ein Zittern durchbebte Kranch, als er den Pokal aus Jutta's Händen nahm und ihn an die Lippen brachte; doch leerte er ihn bis zum letzten Tropfen, da es ein Verstoß gegen die gute Sitte gewesen wäre, den von Frauenhänden gereichten Becher nicht bis auf die Neige zu leeren, so daß er die Nagelprobe bestand. Er dankte dem holden Mädchen nochmals und sagte mit bebenden Lippen:

„Ein köstlicher Labetrunk, edles Fräulein! Doppelt wohlthuend, da er mir von solchen Händen kredenzt wurde. O daß ich's nicht schon früher wußte, daß man auf Landstuhl so liebreich bewirthet wird!"

„Die Freunde meines Schwagers sind immer auf Landstuhl willkommen," sagte Jutta, nicht minder bewegt.

„Ein süßes Wort, mein Fräulein!" entgegnete Kranch, und zu Sickingen gewendet fuhr er fort: „Wie weißt Du doch Deine Freunde zu überraschen, guter Franz! Kein Wörtchen kam über Deine Lippen, daß uns hier eine solche Wirthin empfangen würde. Ja, so bist Du: immer Ueberraschungen, immer haſt Du etwas im Hinterhalt, womit Du Deine Verbündeten feſſelſt und ſie mit ehernen Banden an Dich letteſt."

„Laß das jetzt gut ſein, lieber Kranch!" ſagte Sickingen, der dieſes Lob nicht mit jener Befriedigung aufnahm, die Kranch erwartet hatte. „Laß das! Geht jetzt in die Rüſtkammer, meine Freunde, legt Harniſche und Helme ab und ſucht Euch leichtere Jagdgewänder aus; denn lange genug haben wir die Genüſſe des edlen Weidwerks entbehren müſſen. Mein Schloßwart Kuno wird Euch begleiten und Jedem reichen, was er bedarf. Ich habe jetzt mit dieſem Manne zu reden, deſſen Sache wir ausgekämpft und dem wir zum Wiederbeſitz ſeiner Habe verholfen haben."

Die Ritter entfernten ſich. Kranch war ſo ſehr in Jutta's Anblick vertieft, daß er nur auf die Auf= forderung eines andern Ritters folgte, der ihm die Hand reichte und ihn faſt nöthigte, Sickingens Ein= ladung nicht zu verſchmähen. Auch Jutta entfernte ſich geſenkten Hauptes und ließ Sickingen allein mit Schlör zurück, der den Burgherrn nach dem Ritter= ſaal begleitete.

Als Sickingen die ſchwere Rüſtung abgelegt und ſich etwas unwillig in einen Seſſel geworfen hatte, bot er Schlör einen Sitz an und ſagte mit einer umwölkten Stirne:

„Das ewige Kämpfen und Ringen zum Vortheil Anderer wird mir endlich zur Laſt. Da habe ich wieder eine Sache ausgekämpft, die mir weit weniger genützt, als geschadet hat. Euere Angelegenheit ist geordnet, Herr Notar! Ihr könnt wieder heimziehen und Euer Besitzthum antreten; denn ich habe den Rathsherren einen Denkzettel zurückgelassen, der sie lange daran mahnen soll, daß der Sickingen kein Unrecht duldet. Aber was habe ich davon? Die geringe Beute, die ich gemacht habe, ist kaum des Redens werth und hat bei weitem nicht ersetzt, was mir an Geschützen und Leuten zu Grunde ging."

„Aber der Ruhm, Herr Ritter?" entgegnete Schlör, „ist der so gering zu achten? Und die Freunde, die Ihr Euch dadurch erworben habt, sind die für gar nichts anzuschlagen?"

„Ruhm? Freunde? Schweigt mir davon!" sagte Sickingen unwillig. „Was ist der Ruhm? Eine Seifenblase, die der leiseste Hauch eines Knaben zerplatzen macht; und Freunde? Geht! Ihr seid ein gelehrter Herr und solltet wissen, daß die Geschichte, deren ich sonst nicht sehr kundig bin, gar viele Freunde aufzuweisen hat, die es nur so lange waren, als ihrem Eigennutze mit der Freundschaft gedient war. Der wahre Freund ist nur Jeder sich selbst. Wie Mancher hat schon eine Schlange an seinem Busen genährt!"

„Mit Ausnahmen, edler Herr Ritter!" sagte Schlör, die Hand auf das Herz legend. „Macht die Probe, ob Ihr je in mir einen Undankbaren finden werdet. Doch verzeiht, wenn ich die Freundschaft mit

4*

der Dankbarkeit verwechsle. Ich darf es wohl nicht wagen, mich Euern Freund zu nennen, obwohl der Dienst, den Ihr mir erwieset, nur von einem wahren Freunde geleistet wird. Doch wer weiß! Oft schon hat ein geringer Mann einem mächtigen gar ersprießliche Dienste geleistet."

„Ich gebe Euch nicht unrecht, Herr Notar, und werde mich Euerer Worte erinnern, wenn Zeit und Umstände eintreffen sollten, die — doch jetzt ist es nicht vonnöthen, so viele Worte zu verlieren, denn Worte ohne Thaten sind nichtssagende Laute, deren Bedeutung in der Luft verhallt und spurlos verschwindet. Geht, Euer schönes Besitzthum ist Euch gesichert, und ich muß gestehen, es ist ein stattliches Besitzthum, um das Euch mancher Ritter beneiden darf."

„Ein redlich erworbenes, mit meinem Fleiße erkämpftes Gut," entgegnete der Notar. „Denn glaubt mir, Herr Ritter, auch Unsereins hat seine Kämpfe zu bestehen, und wenn auch nicht mit dem Ritterschwerte, doch mit der Schärfe des Verstandes und des Geistes. Ja, ich kann, ohne unbescheiden zu sein, von mir sagen, daß ich, vereint mit diesen Verbündeten, schon oft zu Felde gezogen und immer als Sieger wieder heimgekehrt bin."

„Da seid Ihr ja ein gar wackerer Kämpe," sagte Sickingen lächelnd, „und doch habt Ihr, wie man mir sagte, weder für Frau, noch für Kind zu sorgen. Sagt mir doch wie es kam, daß Ihr bisher

noch keine Wahl getroffen habt? Ich sollte doch
meinen, daß es einem Manne, wie Ihr seid, nicht
fehlen könnte, eine Tochter aus dem ersten Hause der
Reichsstädt zu freien. Hättet ihr das schon längst
gethan, so wäre die Fehde mit den Trotzköpfen viel=
leicht gar nicht entstanden."

Diese Frage, die Schlör nicht erwartet hatte,
verwirrte ihn dergestalt, daß er nicht anders meinte,
als Sickingen müsse sie mit Absicht an ihn gerichtet
haben. Doch entsann er sich sogleich wieder, daß dieß
wohl nicht sein könne, und der schlaue Weltmann
faßte schnell den Entschluß, diese zufällig hingeworfene
Frage zu seinem Vortheil zu benützen. Er richtete
einen festen Blick auf den Ritter, entwarf einen Plan,
der vorerst darin bestand, sich noch mehr in Sickingens
Gunst festzusetzen, und glaubte es mit Schlauheit
endlich dahin zu bringen, seinen heißesten Wunsch in
Erfüllung gehen zu sehen. Er beantwortete daher
die an ihn gerichtete Frage mit den Worten:

„Ihr seid sehr gütig, Herr Ritter, mich so wohl=
wollend an eine Lebensfrage zu erinnern, die nur
mein eigenes Wohl berührt. Glaubt es sicher, edler
Herr, daß mehrere meiner Freunde dieselbe Frage
schon an mich gerichtet haben; aber —"

„Nun, aber? Fahret fort!"

„Verzeiht, Herr Ritter, wenn ich eines Umstands
erwähne, der gewöhnlich von unsern großen Geistern
belächelt zu werden pflegt, dessen Bedeutsamkeit ich
mir aber, trotz aller auf der Hochschule gehörten

Philosophie, nicht abdisputiren lasse. Ich meine den Einfluß, den die Sterne mit ihrem ewigen Kreislauf auf unsere Geschicke haben."

Bei diesen Worten fuhr Sickingen in die Höhe und starrte den Notar fast bewegungslos an. Bekanntlich hielt Franz, sowie später auch Wallenstein, große Stücke auf die Astrologie und die Einwirkung der Himmelskörper auf die Geschicke der Menschen. Die Sterndeuterei galt ihm für die höchste Wissenschaft, sowie ein Astrolog für den gelehrtesten Mann. Er war daher froh überrascht, einen Gelehrten vor sich zu sehen, der ebenfalls dieser Wissenschaft huldigte, und mit jener Hast, die heftigen Naturen eigen ist, wenn man ihnen eine Nachricht von besonderem Interesse bringen will, sagte er:

„So laßt hören, mein Freund!"

Schlör, der es von jeher gewöhnt war, die Schwächen der Menschen zu studiren und sie zu seinem Vortheil auszubeuten, kannte die Schwäche des Ritters und hatte oft gehört, welchen Einfluß ein gewisser Dr. Faust durch diese Wissenschaft auf ihn ausübe und daß sich Franz vor jedem Unternehmen das Horoscop von ihm stellen lasse. „Was einem erbärmlichen Gaukler gelingt," dachte er, „wird auch mir nicht versagen, und das soll der Köder sein, mit dem ich den Ritter in mein Netz locke und mich ihm unentbehrlich mache." Er entsprach daher Sickingens Aufforderung mit folgendem Lügengewebe:

„Es ist schon geraume Zeit her, daß ich mich

eines schönen Sommerabends auf dem rechten Rhein=
ufer erging, um meinen Lieblingsgedanken nachzu=
hängen, die sich seit meinen Jugendjahren mit der
alten Sage von Chrimhildens Rosengarten
beschäftigten. Ich glaubte nicht anders, als ich müsse
einige Spuren von jenem Feengarten auffinden, von
dem uns die Mähr so wunderbare Dinge berichtet.
Es fing an dunkel zu werden und das azurblaue
Himmelszelt wurde nach und nach mit tausend und
abermals tausend Sternen besät, die wie glitzernde
Glanzpunkte auf dem schönen Teppich glänzten und
ihn gleichsam durchwirkten. Ewig werde ich jenen
schönen Abend nicht vergessen. Kein Lüftchen bewegte
sich ringsumher und der spiegelglatte Rheinstrom floß
majestätisch, aber geräuschlos, dahin, indem er das
Himmelsgewölbe mit seinen silbernen Sternen wieder=
strahlte und es aus seiner Tiefe hervorleuchten ließ.
Ganz in Betrachtung dieses erhabenen Schauspiels
versunken, und von der höchsten Höhe, sowie von
der tiefsten Tiefe von diesem prächtigen Anblick ergötzt,
wähnte ich mich in die Mitte der Sternenwelt ver=
setzt und glaubte der Erde entrückt und in jene Welt
hingezaubert worden zu sein, wo man die Sprache
der Sterne versteht. So stand ich eine Weile da,
immer mit diesen Gedanken beschäftigt und von dem
heißen Wunsche beseelt, es möchte jetzt Jemand er=
scheinen, der jene geheimnißvolle Sprache redet und
mich dieselbe verstehen lehret. Da schien es, als habe
das Schicksal meinen leisen Wunsch gehört und als

wolle es ihn sogleich erfüllen. Denn plötzlich wurde die geheimnißvolle Stille unterbrochen und ein leises Wehen ward vernehmbar. Es kam näher und immer näher, und als ich mich umsah, stand ein Greis mir gegenüber, dessen schneeweißer Bart auf einen schwarzen Talar niederfiel, der die Erscheinung von Kopf bis zu den Füßen einhüllte. Ich schauderte zusammen und starrte den Alten fast athemlos an. Doch dieser lächelte mir freundlich zu und sagte:

„Erschrick nicht, lieber Freund, preise vielmehr den Zufall, daß er mich in Deine Nähe brachte. Wisse, daß es heute die Johannisnacht ist, wo die Sterne denen besonders freundlich zulächeln, die ihnen vertrauen. und sich ihrer Leitung hingeben. Du staunst? Ja, glaube mir, ich habe in den Sternen gelesen und sie um Deine Zukunft befragt. Forsche nicht, fuhr er abwehrend fort, als er bemerkte, daß ich eine zweifelnde Bewegung machte, forsche nicht und glaube einem alten Manne, der es gut mir Dir meint. Schon oft habe ich Dich auf diesem klassischen Boden bemerkt, wo Du Spuren einer längst verschwundenen Zeit aufsuchtest und Dich jener Helden erinnertest, die einst hier weilten. Dieß gefiel mir an Dir und ich stellte Dir das Horoskop."

„So sprach der Alte", fuhr Schlör fort, während Sickingen mit der gespanntesten Aufmerksamkeit zuhörte. „Ermuthigt von seinen freundlichen Worten, wagte ich es ihn zu fragen, was er in den Sternen gelesen habe? worauf er eine Hand auf meine

Schulter legte, mir liebreich in die Augen sah und sagte: „Du wirst ein kühner Kämpe für die Freiheit Deiner Vaterstadt werden und einst Vieles zu ihrer Befreiung von schwerem Drucke beitragen. Du wirst Manches zu dulden haben, aber ein Starker der Starken wird Deine Banden lösen und Dich zu großen Ehren bringen." Als ich weiter forschte, fuhr der Geheimnißvolle fort: „Dein Stern leuchtete strahlend und lieblich, wie das Antlitz einer holden Braut, und die Konstellation zeigte mir, daß kein Weib aus dem Volke Deine Gattin werden wird. Richte Deine Blicke nach oben, denn Du bist ein Liebling des Schicksals und darfst kühn hoffen, viel Größeres zu erreichen, als Andere Deines Ranges."

„Das", schloß Schlör sein Lügengewebe, „waren die Worte des in der Deutung der Sterne erfahrenen Mannes. Nun urtheilt selbst, Herr Ritter, ob ich wohl gethan habe, mit der Wahl einer Hausfrau noch zuzusehen."

„Wohl, sehr wohl habt Ihr daran gethan", sagte Sickingen, indem sein Auge strahlte und sich nicht mehr von seinem Gaste abwendete. „Sehr wohl, mein Freund! denn die Sterne lügen nicht. Doch sagt, wer war jener gelehrte Mann, der die Schrift der Himmelskörper so deutlich zu lesen versteht? Denn ein Theil seiner Prophezeihung ist ja bei Euch schon eingetroffen. Wer war er und warum hat er sich noch nicht bei mir sehen lassen?"

„Das weiß ich nicht, Herr Ritter!"

„Das wißt Ihr nicht? Das ist gefehlt, Herr Notar, sehr gefehlt! Einen solchen Mann sollte man nicht aus den Augen verlieren."

„Ich hoffe ihn wieder zu finden, Herr!"

„Wann, und wo?"

„Das ist mir ebenfalls unbekannt. Doch hört weiter: Ehe er von mir schied, sagte er: Geh', junger Mann! Dein Geschick wird sich erfüllen, wenn Du wieder erlangt, was Du verloren hast, wenn der Starke der Starken Dich erlöst und Dich wieder zu Ehren gebracht haben wird. Bis dorthin harre geduldig. Sobald aber diese Zeit gekommen sein wird, sollst Du mich wieder sehen, und ich werde Dir sagen, was weiter im Buche der Wahrheit für Dich verzeichnet steht."

„Nach diesen Worten entfernte er sich und verschwand im Gebüsche."

„Sonderbar!" sagte Franz nach einigem Nachdenken. „So wahr und dabei so geheimnißvoll habe ich noch keinen Gelehrten reden hören. Ich muß den Mann kennen lernen, und er soll mir sagen, was er von meinem beabsichtigten Zug gen den Erzbischof von Trier hält. Ja, er muß auf meine Burg kommen. Hört, Herr Notar, ich habe viel für Euch gethan, mehr, als ich sonst für einen einzelnen Mann zu thun pflege, und es ist mir jetzt klar, was mich so sehr für Euere Sache begeisterte, die mich im Grund genommen gar nichts anging. Ich mußte nemlich erfüllen, was in den Sternen zu lesen war, ich mußte es thun, da das Schicksal, mir selbst unbewußt, es geboten hatte. Jetzt ist es aber an Euch, auch mir gefällig zu sein, und ich hoffe, Ihr werdet meinem Wunsche willfahren. Bleibt noch hier auf Landstuhl, bleibt, bis der gelehrte Mann kommen wird, um Euch hier aufzusuchen. Euere Angelegenheit in Worms ist geordnet; kehret auf einige Tage heim, um Euere Habe in sichere Hände zu legen, und kommt dann sogleich wieder hierher zurück. Versprecht mir das, und es soll Euer Schaden nicht sein."

Schlör versicherte, daß er dem Ritter um jeden Preis zu gefallen streben werde, sagte sein längeres Verweilen auf der Burg zu und verließ den Saal, um den weiteren Verfolg seines Vorhabens reiflich zu überlegen.

IV.

"Eine saubere Wirthschaft!" sagte Kuno zu seinem Weibe Petronella, "schöne Dinge gehen jetzt auf unserer Burg vor! Hab' ich meiner Lebtag' gehört, daß drei Liebhaber auf einmal um ein einziges Weib schwärmen! Unser Ritter betet das Fräulein an und versinkt von Tag zu Tag immer mehr in eine Art Schwermuth, was um so schlimmer ist, als er, eingedenk seines Gelöbnisses, seine Gefühle in sich verschlossen hält. Fast möchte ich wünschen, daß es bald wieder losginge und der Zug gegen Trier nicht zu lange auf sich warten ließe; denn wenn es so fort geht, verliert Sickingen seinen Heldenmuth und schrumpft uns hier wie ein altes Weib zusammen. — Der zweite Liebhaber, Herr Hans von Kirch= heym, ist glücklich, wie die Engelein im Himmel es nur sein können, da er seines Sieges gewiß ist und das Fräulein ganz gewonnen zu haben scheint. — Der dritte endlich, dieser luchsäugige Schlör, kommt mir g'rade vor, wie ein Fuchs, der um einen Hühner= stall kreist, um einen günstigen Augenblick zu er= spähen, wo ein armes Thierlein herausschlüpft, das er erhaschen kann. Keinen Blick verwendet er von Fräulein Jutta, keinen ihrer Schritte läßt er unbe= achtet, und kaum setzt sie einen Fuß in den Garten — husch ist er hinter ihr her, macht Kratzfüße, daß man sich todt lachen möchte, und ruht nicht, bis ihm das Fräulein mit dem Kopfe dankend zunickt. Ich möchte doch um alle Welt wissen, was er wieder hier thut! Kaum war er einige Tage weg, so ist er schon wieder da und soll auf des Herrn Befehl mit allen Ehren behandelt werden. Aus der Wirthschaft werde einer klug, der mehr Witz hat, als der alte Kuno. Was hältst Du davon, Nelle?"

„Was ich davon halte? Das will ich Dir sagen, Kuno! Der gelehrte Herr hat's auf Brigitte abge= sehen. Ja, lach' nur, alter Murrkopf; auf Brigitte, des Fräuleins Kammerzofe. Was ist da auch viel zu lachen? Ist denn die Sache nicht ganz natürlich? Brigitte ist schön, hat ein tüchtig Mundstück, was einem so gelehrten Herrn schon gefallen mag, und ist überhaupt ein Mädchen, das so ganz für was Appartes geschaffen ist. Daß der gelehrte Mann gerne in der Nähe des Fräuleins ist, finde ich sehr natürlich; weiß er ja, welche Stücke Jutta auf ihre Dienerin hält, und hat sie gewiß schon gebeten, ein gutes Wort für ihn einzulegen."

„Du redest, wie Du's verstehst, Nelle!" sagte Kuno. „Der und eine Fürsprecherin? Fehl geschossen, weit fehl geschossen, Nelle! Ich sage Dir, der Notar ist in unser Fräulein vernarrt, und ich bin begierig, was noch aus der Geschichte werden wird."

Während Kuno so mit seinem Weibe über Jutta's Zukunft redete, saß diese selbst in dem Schloßgarten, umgeben von den Wohlgerüchen, die eine Jasminlaube ringsumher verbreitete. Ihr zur Seite saß Krauch von Kirchheym, der Gast auf Landstuhl, der die Kälte wohl bemerkt hatte, mit der ihn sein sonst freundlicher Wirth seit einigen Tagen behandelte. Krauch kannte den Grund zu dieser plötzlichen Veränderung nicht, und auch Jutta hatte keine Ahnung von dem, was des Burgherrn Brust bewegte. Franz verkehrte meist mit Schlör, und Alle glaubten, der Ritter wolle sich bei dem gelehrten Herrn Rathes über seinen bevorstehenden Zug gegen Trier erholen, zu welchem auf der Burg alle Vorkehrungen getroffen wurden.

„Sonderbar!" sagte Krauch, dem schönen Mädchen liebreich in die blauen Augen sehend, „sonderbar und ganz eigenthümlich! Von frühester Jugend an nur mit dem ernsten Spiele der Waffen und der Weidmannskunst vertraut, hat hier auf Landstuhl die mörderische Waffe fast jeden Reiz für mich verloren, und es scheint, als werde die Burg von einem Odem des Friedens angeweht."

„Da irrt Ihr sehr, Herr Ritter!" sagte Jutta. „Das Waffengeklirr nimmt ja hier kein Ende, und allenthalben begegnet Ihr Rittern und Knappen, die bis an die Zähne in Stahl und Eisen gehüllt sind."

„Mag sein!" entgegnete Kranch. „Aber ich weiß nicht wie es kommt: Wenn ich sonst einen Sporn klingen hörte oder ein Schwert umgürten sah, war es mir, als müsse ich sogleich meinen Rappen satteln und mir die Rüstung anlegen lassen. Ich wollte hinaus, den Feind aufsuchen und meine Klinge an ihm erproben. Jetzt ist's anders! Das unruhige Tummeln und Rennen von der Rüstkammer in den Burghof und von diesem wieder auf die Reitbahn, dieses ewige Getreibe rührt mich nicht und stört mich selbst in meinen einsamen Stunden, die ganz der Ruhe, dem süßen Träumen gewidmet sind. O es ist sicherlich etwas mit mir vorgegangen, Fräulein! und ich wähne mich von einem Zauber umgeben, der mich fest umschlungen hält und mich nicht aus seinen Banden lassen will."

„Es kann sein," entgegnete Jutta, „daß Ihr auf Landstuhl Manches anders findet, als auf Euerer heimischen Burg. Berge und Thäler wechseln vielleicht

bei uns in andern Formen mit einander ab und
bieten Euch wegen ihrer Neuheit manchen Reiz dar."

„Berge und Thäler," sagte Kranch, „sind dem
Ritter nirgends fremd. Er begrüßt sie allenthalben
als seine heimischen Freunde und findet sich leicht bei
ihnen ein. Aber zuweilen trifft es sich, daß auf
diesen Bergen manche Blume blüht, deren Düfte ihn
betäuben; in diesen Thälern manche Rose prangt, deren
Schönheit sein Auge blendet. Das mag es sein, was
ihn seine rauhe Heimath vergessen läßt und ihn mit
einer Zaubergewalt zu den fremden Bergen und
Thälern hinzieht."

„Seine rauhe Heimath, Herr Ritter?" fragte
Jutta lächelnd, „Ihr redet doch nicht von Euerer
väterlichen Burg, die, wie man mir sagte, von einer
viel mildern Luft angeweht wird, als die Burg Land=
stuhl, die aus der Mitte eines sumpfigen Moorfelds
hervorragt und nur kahle Felsen und finstere Wälder
als ihre nächsten Nachbarn begrüßt? Geht, das ist
eine Galanterie, die Ihr Sickingens Burg macht.
Ja, wenn es noch die Ebernburg wäre!"

„Nicht der Name ist es, Fräulein, nicht diese
oder jene Gegend, die in des Mannes Brust eine
solche Veränderung erzeugt. Die Reize der Natur,
der Gesang der Vögel, der Anblick einer Baumgruppe,
so oder so geformt, einer Burg, auf steilen Felsen=
höhen oder in der Mitte hochaufstrebender Tannen
angelegt — das sind Dinge, mein Fräulein, die für
einen philosophischen Alten die Entscheidung abgeben

mögen, wo er seine Hütte aufschlagen soll. Der rüstige Mann aber, der an Schwert und Helm gewohnte Ritter kennt diese Wahl nicht, und er ist verurtheilt, sein Herz allen Reizen der Natur zu verschließen und dem Rufe des Schicksals zu folgen, das ihm gebietet, sein Roß dahin zu lenken, wo der Kampf seiner harret."

"Und doch," bemerkte Jutta, "erwähntet Ihr vorhin duftender Blumen und blühender Rosen?"

"So ist es, mein Fräulein! Ich erinnere mich aus meinen Jugendjahren eines gar lieblichen Mährchens, das mir meine Amme zu wiederholten Malen erzählte und das ich Euch als Antwort auf Euere Frage wieder erzählen möchte."

"O laßt es hören, Herr Ritter!"

"Die gute Frau," fuhr Kranch fort, "hatte viel Gewandtheit im Mährchenerzählen und trug dieselben mit einer solchen Geschicklichkeit vor, daß sie tief in's Herz drangen. Ich erinnere mich derselben heute noch und werde besonders das eine mit der "Rosenkönigin" nie vergessen."

"O erzählt, Herr Ritter! Ich höre Mährchen, von einer gewandten Zunge vorgetragen, gar zu gerne."

"Ob ich Gewandtheit genug besitze, Euere Theilnahme zu erregen, möchte ich bezweifeln. Doch Ihr befehlt, und ich muß gehorchen."

"Ein großer, gar mächtiger König," so erzählte unsere alte Elsbeth, "hatte zwei Söhne von gar verschiedener Gemüthsart. Ralph, so hieß der älteste, war rauh von Natur und heftigen Temperaments. Er unterhielt sich nur auf der Jagd und fand ein besonderes Behagen am Kampf mit wilden Bestien. Oft hörte man Wunder von seinen Jagdabenteuern erzählen, wie er hier eine Bärenmutter mit ihren Jungen aufgehoben und die ganze Familie getödtet habe, dort einem Panther gefolgt sei und nicht eher rastete, bis das rachedürstende Ungethüm zu seinen Füßen verendete, und dergleichen mehr. Ralph war aber auch den Menschen gegenüber roh und ungestüm, und es schien, als habe er den wilden Thieren des Waldes manches abgesehen, das sich für einen Königs= sohn gar nicht ziemte.

„Anders war sein jüngerer Bruder Mino. Sanften Charakters und liebreichen Herzens, empfand er nur Liebe zu den Menschen und den Künsten, und während Ralph in den Wäldern herumirrte, arbeitete Mino mit Hammer und Meißel an einem Marmorblocke, dem er manches Kunstgebilde entlockte. Ralphs Betragen wollte Mino durchaus nicht zusagen; doch durfte der jüngere Bruder den ältern nicht tadeln, und so trieb Ralph sein ungestümes Leben fort.

„Da geschah es eines Tages, als er wie gewöhn= lich in den Wäldern umherzog, daß er sich zu weit vom gebahnten Pfade entfernte und in einen dichten Laubwald gerieth, von dem er keinen Ausweg fand. Enger und immer enger schloß ihn das Gebüsch ein, und immer höher ragten die gewaltigen Bäume mit ihrem dicken Gezweige empor, so daß Alles um ihn

5

her in tiefe Finsterniß gehüllt war. Er bediente sich seines breiten Weidmessers, um hier einen Stamm umzuhauen, dort eine junge Eiche zu fällen — doch vergebens! immer enger umschloß es ihn, und je mehr er niedermähte, desto unwegsamer und undurchdringlicher ward es in seiner Umgebung.

„Einsam und verlassen wie er war, entfiel ihm der Muth, und er fing an verzagt zu werden. Da kam es ihm vor, als blitze ein Lichtstreifen durch das Gebüsch. Er richtete seinen Blick unverwandt auf die Stelle hin, die ihm in seiner Verlassenheit das ersehnte Heil verkündete; doch zeigte sich kein Ausweg, um dahin zu gelangen. Da breitete er die Arme aus und rief mit lauter Stimme: „Komm, leuchtender Stern, und zeige mir den Weg durch dieses Labyrinth!" Und sieh, in demselben Augenblick öffnete sich das Gebüsch und ein freier Raum ward sichtbar. Der Prinz trat hinaus und ward von dem Glanze geblendet, der sich hier seinen Blicken darbot. Eine weite Ebene, ringsum von jungen Birken bepflanzt, war von einem Rosenlicht beleuchtet, ohne daß irgendwo eine Flamme bemerkt wurde. Liebreizende Mädchen, in leichte weiße Gewänder gekleidet, die mit Rosen übersäet waren, tummelten sich in einem lustigen Reigen, Rosenguirlanden in den Händen tragend, mit denen sie eine Kette bildeten. Während ihres Tanzes ward eine liebliche Musik vernehmbar, deren Töne wie Harfenklang und Saitenspiel erklangen. Plötzlich aber stellten sie ihren Tanz ein und stimm-

ten einen Lobgesang an. Feierlich und voll der lieb=
reizendsten Accorde sangen sie das Lob ihrer Königin,
und bittend breiteten sie die Arme aus, als wollten
sie die Unsichtbare mit Liebkosungen umfassen. Da
erschien, der Prinz wußte nicht woher? eine Gestalt,
die die andern an Glanz und Liebreiz noch übertraf.
Eine Fee, denn als solche erkannte sie Ralph, ge=
schmückt mit einer Strahlenkrone und mit Diamanten
von der Größe und der Gestalt völlig entwickelter
Rosen, stand plötzlich innerhalb des Kreises, und
jetzt begannen die Nymphen ihren Tanz wieder. Ihre
Guirlanden wuchsen zusehends und bildeten endlich
eine Rosenlaube, die die Königin ganz einhüllte.
Dabei wurden tausend Stimmen hörbar, die das
Lob der Rosenkönigin verkündeten. Betäubt und
ganz entzückt von dem göttlichen Schauspiele, setzte
sich der Königssohn am Fuße einer Tanne nieder
und schlief ein. Als er wieder erwachte, befand er
sich auf dem Schlosse seines Vaters, umgeben von
seinen Dienern, die der lange Schlaf ihres Herrn
beunruhigt hatte. Ralph erzählte seinem Bruder
von der gehabten Erscheinung, gab von jener Stunde
an sein wildes Leben auf und ward ein großer Ver=
ehrer der Rosen, mit denen er einen Park anlegte,
der allenthalben gepriesen ward.

„So weit die Erzählung meiner Amme", schloß
der Ritter. „Jetzt urtheilt selbst, mein Fräulein,
ob ich mit dieser Mähr Euere Frage beantwortet
habe."

„Nur zum Theil, Herr Ritter!" entgegnete Jutta lächelnd. „Wenn mit Euch eine ähnliche Veränderung vorgegangen ist, so kann ich doch die Nymphen mit ihrer Königin nicht herausfinden."

„Diese Königin, holdes Mädchen", sagte Kranch mit Begeisterung, „seid Ihr, und die Nymphen sind die Gedanken, die mich wachend und träumend umgeben und dieser ihrer Königin huldigen. O glaubt es, edles Fräulein! Euer Liebreiz hat einen mächtigen Zauber auf mich ausgeübt, und wollt Ihr, daß mein verwundetes Herz gesunde, so sagt mir ein liebend Wort und laßt mich nicht ohne Trost von hinnen scheiden."

Jutta erröthete und schlug die Augen nieder. Sie reichte dem Ritter die Hand, der sie mit Innigkeit erfaßte, sie an seine Lippe drückte und dem Fräulein wonnetrunken zu Füßen fiel.

In demselben Augenblick erschien Sickingen mit Schlör am Eingang der Laube. Der Burgherr blieb starr vor der Gruppe stehen. Er faltete die Stirne, während sich sein Gesicht mit einer Todtenblässe überzog. — Dieser Auftritt hatte dem Notar Sickingens Gefühle verrathen, und er nahm sich vor, die gemachte Entdeckung nicht unbenützt zu lassen. — Franz faßte Schlör unter den Arm und zog ihn fast mit Gewalt fort, während Jutta beschämt die Laube verließ. Der Ritter von Kirchheym aber suchte sein Gemach auf, glücklich mit dem Bewußtsein, daß das Fräulein seine Erklärung liebevoll aufgenommen hatte.

V.

„Ich kann Euer Ansinnen nicht gut heißen", sagte Sickingen zu Schlör, als sie beide an einem Tische saßen, auf dem Karten, von verschiedenen Himmelszeichen bemalt, ausgebreitet lagen. „Der Ritter ist mein Gast, und ich kann die Gastfreundschaft gegen ihn nicht verletzen."

„Euer Gast!" wiederholte Schlör mit einem spöttischen Lächeln. „Ihr sagtet selbst einmal, daß schon Mancher eine Schlange an seinem Busen genährt habe. Ja, eine Schlange, eine gar giftige Schlange nährt Ihr unter Euerem Dache. Verzeiht, wenn ich so offen rede, Herr Ritter! Aber Ihr habt mir des Wohlwollens zu viel erwiesen, als daß ich nicht Alles aufbieten sollte, um jedes Ungemach von Euch abzuwenden."

„Ungemach? Was wißt Ihr denn eigentlich von dem Ritter von Kirchheym zu sagen, und was bringt Euch so sehr gegen ihn auf? Aufrichtig gestanden, sehe ich nicht ein, mit was er mich gekränkt hätte; denn nimmer kann ich ihm das für ein Vergehen anrechnen, daß er meiner Schwägerin huldigt. Ist sie ja die Schwester meiner Hedwig!" fügte er mit einer dumpfen Stimme hinzu, indem er das Haupt auf die Brust senkte.

„Nicht das ist es, Herr Ritter", entgegnete Schlör, „was mir ihn verdächtig macht. Ich finde es selbst ganz natürlich, daß ein junger Ritter ein hübsches Mädchen schön findet und dieses hinwieder sein Wohlgefallen an einem so stattlichen Herrn hat. Aber Herr Kranch scheint mir dabei Euere Gastfreundschaft mißbraucht zu haben."

„Wie?" fuhr Sickingen rasch in die Höhe. „Ueberleget wohl, was Ihr da redet, Herr Notar."

„Das habe ich schon, Herr Ritter! Doch hört, was ich Euch zu sagen habe:

„Als wir gestern den Garten verlassen, in dem wir ein so überaus zärtliches Zwiegespräch belauscht hatten, erging ich mich noch im Freien, bis der Abend hereinbrach, wo ich mich dem Thore zuwendete, an dem gerade die Brücke aufgezogen werden sollte. Es war hohe Zeit, wenn ich nicht unter freiem Himmel übernachten wollte. Kaum war ich in den Schloßhof getreten, als eine mir wohlbekannte Stimme laut und vernehmlich die Worte sprach: „Sei gegrüßt, Freund aus dem Rosengarten!" Ich sah mich erstaunt um und gewahrte meinen Freund, den Astrologen. Ernst und doch liebreich schritt er auf mich zu, reichte mir die Hand und sagte: „Ich habe Dir einst im Angesichte des sternenhellen Himmels das Versprechen gegeben, Dich wieder aufzusuchen und Dir zu sagen, was im Buche der Wahrheit über Dich verzeichnet worden sei. Ich bin da, um mein Wort zu lösen."

„So sprach der ehrwürdige Greis. Er folgte mir in mein Schlafgemach, wo er die Nacht mit mir zubrachte."

„Dein Stern", fuhr er fort, „leuchtet hell und wunderbar. Nie sah ich ein solches Heil auf einen Sterblichen herableuchten, und Du wurdest vom Schicksal mit einer besondern Gunst bedacht. Sei frohen Muthes, denn Deine kühnsten Wünsche werden erfüllt werden."

„Ich wußte nicht, was ich von dem geheimnißvollen Manne halten sollte. Ich staunte ihn zweifelnd an und bat ihn, sich deutlicher auszusprechen.

„Gerne", fuhr er fort, „will ich dem Manne gehorsam sein, der ein besonderer Liebling des Schicksals ist. So wisse, daß Dir großes Heil zugedacht ist, wenn Du vorerst so glücklich warst, einen Unwürdigen von der Burg Deines Wohlthäters zu entfernen. Thue das, mein Sohn, denn er verdient gezüchtigt zu werden." — Ich fragte weiter, und der Alte gerieth in Eifer, als er die Worte sprach: „Dieser Mensch, der sich einen edlen Ritter nennen läßt, hat sich durch eine Zauberkunst in das Herz eines Fräuleins zu schleichen gewußt. Ein höllischer Zaubertrank, von der Hand eines Schwarzkünstlers bereitet, hat die Sinne des Fräuleins von Flörsheim umstrickt und es dem Verführer geöffnet."

„Herr Notar!" sagte Sickingen, indem er sich mit Unwillen von seinem Sitze erhob und im Gemache auf und ab ging. „Ihr scheint ein arges Spiel mit mir treiben zu wollen, indem Ihr glaubt, der Ritter Franz von Sickingen glaube solche Ammenmährchen. Bedenkt wohl, was ich für Euch gethan habe, und verlangte ich auch keinen Lohn dafür, so will ich doch mindestens nicht mit Undank bezahlt werden. Drum wehe Euch, wenn Ihr Euern Spott mit mir zu treiben gedenkt. Ihr möchtet in diesem Falle einen ebenso erbitterten Feind in mir finden, als ich bisher Euer Gönner war."

„Herr Ritter!" entgegnete der Heuchler mit einem unterwürfigen Tone, „ich habe keine andere Antwort erwartet; denn mein Bericht klingt so abenteuerlich, daß man seine Wahrheit wohl bezweifeln mag. Doch erlaube ich mir, es Euerm Urtheile selbst zu überlassen, ob die Worte meines alten Freundes Glauben verdienen oder nicht."

„Eueres alten Freundes?" unterbrach ihn Franz. „Ich höre von Neuem von diesem alten Freunde reden, ohne ihn bis jetzt zu Gesicht bekommen zu haben. Warum habt Ihr mir ihn noch nicht vorgestellt? Wer weiß, ob er nicht ein erbärmlicher Gaukler ist, der uns beide am Narrenseil herumführt. Er soll sich einmal bei mir sehen lassen, damit ich ihm auf den Zahn fühle."

„Das ist es eben, Herr Ritter, was ich auch von ihm verlangte. Doch hört weiter, und erst dann möget Ihr urtheilen, ob Euer Argwohn gegründet sei. Als ich Euern Namen nannte und ihm begreiflich machen wollte, wie ungeziemend es von mir wäre, den Freund meines Gönners einer so schwarzen That anzuklagen, sagte er mir einige Worte, die mir jetzt noch ein Räthsel sind. „Der Ritter auf Landstuhl," das waren seine eigenen Worte, "der Edle von Sickingen kann diesen Schurkenstreich nicht unbestraft lassen, da seinem eigenen Herzen durch ihn die tiefste Wunde geschlagen würde." So sprach der Alte. Was er damit meinte, sagte er mir nicht. Ich aber drang in ihn, am andern Morgen selbst zu Euch zu gehen, um Euch das Weitere zu berichten. Er erwiederte nichts darauf, und als ich diesen Morgen erwachte, war er verschwunden."

"Elender Gaukler!" sagte Franz, mit dem Fuße stampfend. "Verschwunden? Abermals den Heiligenschein der Geheimthuerei angelegt? Betrüger seid ihr beide und verdient — doch, wie hießen seine letzten Worte? Meinem Herzen würde die tiefste Wunde geschlagen? Meinem Herzen? Freilich! Hedwigs Schwester ist meinen Söhnen eine zweite Mutter; und wenn sie mich verließe, wenn sie die Mutterliebe mit einer andern Liebe vertauschte — nun, und dann? Ja, er hat Recht! Euer Sternkundiger hat wahr gesprochen! Meinem Herzen würde die tiefste Wunde geschlagen. Doch weiter! Was soll nun geschehen? Ihr habt vorhin von Kranch geredet; was riethet Ihr mir doch an?"

"Ihn ziehen zu lassen, Herr Ritter!"

"Richtig! Ich soll dem Freunde die Gastfreundschaft kündigen! War's nicht so? O der Schande! Einem bewährten Freunde Thor und Thüre verschließen? Das geht nicht!" Und nach einem kurzen Nachdenken sagte er. "Ihr könnt mich jetzt verlassen,

Herr Notar, doch habt Ihr wohl die Güte, im Vorbeigehen einem meiner Diener zu sagen, mir den Burgwart Kuno zu schicken."

Als Sickingen allein war, ging er raschen Schrittes im Zimmer auf und ab. Er hielt die Hand an die heißerglühte Stirne und sagte vor sich hin:

„Ein schrecklicher Gedanke! fast unerträglich! Wie? Ich sollte Jutta von hinnen ziehen lassen? Sie im Besitze eines Andern wissen? Doch Franz, sei nicht ungerecht! Du trägst selbst die Schuld, daß es so kam; warum hast du dich ihr nie erklärt? Aber konnte ich es denn? Hab' ich mir nicht in derselben Stunde, wo ich sie zu lieben anfing, geschworen, ihr nie mit einem Worte zu verrathen, was ich für sie empfinde? Zudem ist Kranch mein Freund und — doch da kommt ja Kuno!"

„Mein Herr hat meiner begehrt," sagte der treue Diener beim Eintreten.

„Befremdet Dich das so sehr, mein guter Kuno?" fragte Sickingen mit einer weichen Stimme.

„Aufrichtig gestanden, ja, Herr Ritter! Lange mußte ich auf die Ehre verzichten, meinem guten Herrn Gesellschaft zu leisten. O sonst war's anders!"

„Freilich war's sonst anders, guter Alter! Nicht wahr, damals, als Deine Herrin noch lebte?"

„Ich wollte Euch nicht an jene Zeit erinnern, Herr! Denn was nützt es, in Worten zu klagen, die unsern Schmerz nur erneuern, unsere Wunden nur von neuem bluten machen? Die edle Frau lebt in

unserm Gedächtnisse fort, in dem sie sich ein unver=
gängliches Denkmal gesetzt hat."

„Und doch beklagst Du eine vergangene bessere
Zeit?"

„Wie Ihr sagt, Herr Ritter! O daß es mir
gestattet wäre, meinem Herrn meine Herzensmeinung
unverholen sagen zu dürfen!"

„Gerade deßhalb habe ich Dich rufen lassen,
mein guter Kuno! Wen habe ich denn unter allen
meinen Freunden, auf bessen Offenheit ich sicherer
bauen könnte, als auf die Deinige? Du warst mein
Führer von meiner Kindheit an; Dein Rath kam
stets aus dem Herzen und ging zum Herzen, und
Deine Treue ist erprobt wie das edelste Gold. Drum
sei offen, Kuno! offen, wie es einem bewährten
Freunde geziemt. Dein Alter und Deine Anhänglich=
keit bürgen mir dafür, daß ich die Wahrheit, die
lautere Wahrheit von Dir hören werde. Nun sage,
was hältst Du von dem jetzigen Leben auf der Burg?
Deinem ruhigen und stets wachsamen Auge ist es
gewiß nicht entgangen, daß seit wenigen Tagen sich
hier manches geändert hat."

„Herr Ritter," sagte der bewährte Diener, im
Herzen froh, daß sich endlich einmal die Gelegenheit
darbot, sich unverholen aussprechen zu dürfen. „Der
alte Kuno ist durch diese Aufforderung um zehn Jahre
jünger geworden. O wüßtet Ihr, wie sehr ich mich
freue, Euch einmal wieder so reden zu hören. Fast
kommt es mir vor, als lebten wir noch in jener Zeit,

wo ich den kleinen Jungen zum erstenmale auf die Reitbahn führte und seinen Fuß in den Steigbügel setzte. Damals war ich freilich noch ein rüstiger Bursche, während ich jetzt ein alter Knabe bin, der nicht mehr mit Helm und Panzer, nicht mehr mit Roß und Sattelzeug umzugehen weiß. Allein mit den Jahren wächst die Erfahrung, und wenn das Haar erbleicht und der Winter des Lebens mit seinen schneeigen Flocken über uns alte Leute herzieht, so findet er einen durch die Zeit gekräftigten Boden, der seinen Stürmen zu trotzen und seinem Froste zu widerstehen vermag. Euer Kuno, Herr Ritter, der von seiner Kindheit an auf dieser Burg zugebracht und alle ihre Schicksale miterlebt hat, war stets bemüht, alles zu beobachten, was Euer Geschlecht und Euch selbst anging. Drum sei es ihm erlaubt, über das, was ihr von ihm verlangt, seine wahre Herzensmeinung auszusprechen."

„Die will ich ja eben hören, Kuno!" sagte Franz.

„Ich werde sie Euch sagen, Herr Ritter! Doch zuvor noch eins: Zürnt einem geschwätzigen alten Manne nicht, wenn er etwas weit ausholt und vielleicht einiges berührt, um das Ihr ihn nicht gefragt habt."

„Was soll das sein, Kuno?"

„Es ist engstens mit Euerer Frage verbunden."

„Nun so rede!"

„Seht, edler Herr! wenn der Arzt an ein Krankenlager gerufen wird, wäre es gewiß thöricht von dem Kranken, wenn er seinem helfenden Freunde etwas vorenthalten wollte, das nahe oder ferne mit seiner Krankheit in Berührung kommen könnte. Der Arzt muß Alles wissen, wenn seine Kunst mit Erfolg eingreifen soll; er muß dem Uebel auf den Grund sehen und es schonungslos zu vertilgen suchen, wenn auch das dazu angewendete Mittel aus bittern Kräutern bestünde, die dem Kranken nicht munden wollen. Noch mehr, er muß selbst sein scharfes Messer ansetzen, wenn er es für nothwendig erachtet, in einer Wunde zu wühlen und die kranken Theile von derselben auszuscheiden. — Verzeiht dieses Gleichniß, Herr Ritter! Verzeiht, wenn ich Euch selbst für den Kranken, mich aber für Euern Arzt halte."

„Kuno!" sagte Franz auffahrend.

„Ihr habt mir erlaubt offen zu reden, Herr," entgegnete der Burgwart, „und ich werde es thun, und sollte ich darob Euere Gunst verscherzen. Ihr seid krank, mein lieber Herr, sehr krank, und wenn Ihr Euch auch einer strotzenden Gesundheit erfreut, wenn auch Euere Wange geröthet ist und Euere Körperkraft meine Behauptung Lügen zu strafen scheint, so seid Ihr doch krank, da Euer Herz leidet und nicht zu gesunden vermag. Ja, seht nur Euern vorwitzigen Kuno an, Herr Ritter, und scheltet ihn derb aus, wenn Ihr glaubt, daß er Euch in Euern einsamen Stunden belauscht habe."

„Ich will nicht hoffen, Kuno!"

„Daß ich dessen fähig sei? Doch, Herr Ritter!

glaubt es nur, denn es ist so wahr, als es wahr ist, daß das Geschlecht, dem eine Hedwig entsprossen ist, auch eine Jutta zu ihren Töchtern zählt."

„Du hast es ausgesprochen, Kuno!" sagte der Ritter tief erschüttert, „hast das Wort ausgesprochen, das nie über meine Lippen gehen darf."

„Auch das weiß ich, edler Herr! Doch staunt mich nicht an, als wäre ich einer jener Gaukler, die sich das Ansehen geben, als stünden sie mit Gott weiß was für geheimen Mächten in Verbindung. Meine Liebe zu Euch hat mir von jeher geboten, über Euch zu wachen, Euch Euere geheimsten Wünsche abzulauschen und sie unbemerkt zu erfüllen, wenn es nur in meiner Macht stand. Ich weiß daher alles, was Euch nahe geht, kenne alle Euere Wege, und es ist mir selbst nicht unbekannt, daß ein Mensch, dem ich völlig mißtraue, großen Einfluß auf Euch ausübt."

„Wer ist das, Kuno?"

„Ich will offen sein, Herr, wie Ihr es verlangt. Der Notar aus Worms, dem Ihr so große Dienste geleistet, lohnt Euch gar schlecht für dieselben. Sein Aufenthalt auf der Burg hat ihm Gedanken eingeflößt, die sich nicht mit der Ehrerbietung vereinigen, welche er Euerem Hause schuldig ist."

„Wäre es möglich!" fuhr Sickingen auf. „Kuno, klagst Du auch keinen Schuldlosen an?"

„Seht dieses weiße Haar an, Herr Ritter," ent=

gegnete der treue Kuno, „und es wird Euch sagen, daß ich der Tage genug gelebt habe, um zu wissen, daß Worte viel mehr Unheil anrichten können, als die spitze Zunge der giftigsten Schlange. „Verdamme nicht, auf daß du nicht verdammt werdest," ist gewiß ein schöner Spruch, und ich prüfe genau, ehe ich den Stab über Jemand breche. Aber ich sage Euch, daß dieser Schlör die Ehre Eueres Hauses gefährdet."

„Erkläre Dich deutlicher, Kuno!"

„Ihr erwähntet vorhin der Schwester Hedwig's," sagte Kuno.

„Wie?" rief Sickingen entrüstet aus. „Sollte er es gewagt haben, sein Auge zu Jutta von Flörsheim zu erheben?"

„Wie Ihr sagtet, Herr: zu Fräulein Jutta von Flörsheim, Euerer Schwägerin. Ich bin dessen gewiß, Herr Ritter! Doch möchte ich bezweifeln, daß er dem Fräulein bis jetzt ein offenes Geständniß gemacht hat, obwohl sein Benehmen deutlich genug verräth, was er im Schilde führt."

„Schurke!" sagte Sickingen zähneknirschend, indem er auf den Boden stampfte. „Dahin zielten Deine Anspielungen mit dem Astrologen? Du hast mich also doch narren wollen? — Sage Kuno, bist Du dieser Tage nicht auf einen alten Mann gestoßen, der sich mit der Abenddämmerung in die Burg schlich und dieselbe mit Tagesanbruch wieder verließ? Der Notar will einen solchen gesehen und gesprochen haben."

„Ihr wißt, Herr," entgegnete der Burgwart,

„mit welcher Sorgfalt ich, besonders in diesen unruhigen Zeiten, die Burg bewache, und fast möchte ich sagen, daß ich jeden Sperling beobachte, der ein- oder ausfliegt. Wenn Euch also Euer Gast von einem Fremden erzählte, der ihn hier aufgesucht haben will, so war es eine Erfindung, die er zu irgend einem Zwecke ersonnen hat."

„Bist Du dessen gewiß?"

„So gewiß, als der Notar in meinen Augen ein grundgelehrter — Schelm ist. Ich weiß nicht, was mich gegen den Mann so sehr einnimmt; aber das steht fest in mir, daß er auf Schleichwegen geht und kein ehrlicher Mensch ist."

„Fast ahnte mir so etwas", sagte Franz. „Doch warte, Bursche, Du sollst den Sickingen kennen lernen. Jetzt begreife ich, warum er Kranch von Kirchheym entfernt wissen möchte. Elender Federfuchser! Wäre dein Schurkenstreich nicht gar zu erbärmlich, so könnte man fast versucht werden, über ihn zu lachen. — Doch laß uns behutsam zu Werke gehen, Kuno! wir haben bis jetzt nur Vermuthungen und noch keine Beweise. Suchen wir diese aufzufinden, und haben wir sie gefunden, so sollst Du mit mir zufrieden sein, darauf gebe ich Dir mein Ritterwort. Jetzt gehe, lieber Freund! Ich danke Dir für Deine Mittheilung und bitte Dich, über das Besprochene zu schweigen."

Kuno entfernte sich und Sickingen sann über die Mittel nach, die zur Enthüllung der Wahrheit führen könnten.

VI.

Seit Sickingens Unterredung mit Kuno waren einige Tage verflossen. Franz hätte wohl den Worten des treuen Dieners Glauben geschenkt; allein Kuno hatte ihm keine Beweise geliefert, daß es Schlör nicht ehrlich mit ihm meinte, und ohne durch untrügliche Beweise dazu gezwungen zu sein, wollte es Sickingens Stolz nicht zugeben, offen zu gestehen, daß der Burgherr auf Landstuhl als ein Spielzeug benützt worden sei. Der bevorstehende Zug gegen Trier veranlaßte auf der Burg große Bewegung; aber selbst in der Mitte dieser Zurüstungen suchte sich Sickingen über die Intriguen seines Gastes Gewißheit zu verschaffen und war fest entschlossen, Schlörs Betragen, wenn es sträflich sein sollte, nicht ungeahndet zu lassen. Auch Jutta's und Krauch's Angelegenheit wollte er geordnet wissen, weßhalb er sich zu seiner Schwägerin begab, die er auf ihrem Gemache in der Gesellschaft ihrer Zofe Brigitte traf.

„Immer beschäftigt", sagte er beim Eintreten, „immer an der Spindel, als sollte das Linnen für meine sämmtlichen Kampfgenossen von Euern Händen gesponnen werden."

„Wenn der Burgherr selbst sich keine Ruhe gönnt", entgegnete Jutta, „so dürfen auch die Frauen ihre Zeit nicht mit eitlem Tand vergeuden."

„Freilich wahr!" bestätigte Franz. „Die Thätigkeit erhält den Geist frisch und die Sinne ungetrübt. — Doch was habt Ihr Beide? Warum so ernst? Wenn wir Männer von der Last der Sorgen zuweilen etwas gebeugt werden, so sollen doch Mädchen immer munter und guter Dinge sein. Wo sind die Knaben? Es ist doch nichts vorgefallen?

„Nicht doch, lieber Schwager!" sagte Jutta. „Die Kinder sind mit dem Ritter von Kirchheym in den Wald gegangen, wo er ihnen gestern ein Vogelnetz gestellt hat."

„Der gute Kranch!" bemerkte Sickingen. „Seit er unser Gast auf Landstuhl ist, hat er sich alle Herzen gewonnen, und selbst die Knaben wollen nicht von ihm lassen. Fast möchte ich glauben, er habe einen Talisman, der mir unvermerkt alle meine Lieben entreißt und sie dem Günstling des Schicksals zuführt. — Nun, was ist mit Dir vorgegangen, Brigitte? wo ist Deine gewohnte Heiterkeit? Geh, mußt nicht so ernst sein, Mädchen! oder sollte unser mächtiger Zauberer auch Dein Herz gefangen genommen haben?

„Wie möget Ihr so scherzen, Herr Ritter! wie dürfte eine arme Dienerin es wagen, ihre Blicke zu einem Ritter von Kirchheym zu erheben!"

„Ich sage es ja", entgegnete Franz, „der Ritter von Kirchheym, und nichts als dieser! Sein Name ist euch Beiden so geläufig, daß Euch alle andere Namen nur nichtssagende Laute sind."

„Seid nicht ungerecht, lieber Schwager!" sagte Jutta tief erröthend. „Ihr werdet gewiß nicht zürnen, daß uns der edle Kranch ein lieber und werther Gast geworden ist; mein Schwager muß es wohl billigen, daß wir seine Freunde auch zu den unsern zählen, und der Ritter auf Landstuhl und Ebernburg kann es uns Frauen nicht mißgönnen, daß uns das Glück zu Theil ward, uns an der Unterhaltung seines stattlichen Gastes erfreuen zu dürfen."

"Keineswegs, liebe Jutta! ich mißgönne Euch das Glück nicht, das ich Euch unbewußt selbst bereitet habe. Mein Freund Kranch ist eben so liebenswürdig, als tapfer, eben so galant gegen Frauen, als ernst, ja fast trotzig, gegen Männer. Ich hätte das bedenken sollen, ehe ich ihn Euch auf Landstuhl brachte."

"Und dann?" fragte Jutta, überrascht über den Ernst, der sich auf Sickingens Gesicht zeigte, "und wenn Ihr es bedacht hättet?"

"Dann", entgegnete Franz, "hätte ich wohl daran gethan, meine liebe Schwägerin zuvor zu fragen, wie es fortan mit Hedwigs Kindern gehalten werden solle."

"Mit Hedwigs Kindern?"

"Ja, mit meinen lieben Knaben, die gewöhnt worden sind, Hedwigs Schwester wie ihre Mutter zu lieben. O welch eine Zeit mag das werden, Jutta, wenn mich diese oder jene Fehde rufen wird, und ich, von meinem Schicksal getrieben, folgen muß. Ich werde ziehen müssen, wie ich jetzt auch gegen Trier ziehen muß, die Thränen meiner Knaben nicht beachtend, die keine Mutter, keine Freundin mehr um sich haben. Zudem ist das Schicksal gar launig, und wer weiß, ob nicht schon jetzt eine Kugel für mich gegossen ist. Was soll dann aus Hedwigs Kindern werden? O sie liebte sie so sehr, ihre schönen drei Knaben!"

„Sie sollen fortan meine Kinder sein!" rief Jutta aus, indem Thränen über ihre Wangen flossen.

„Nicht doch, Schwägerin!" warf Sickingen rasch ein. „Wie könnt' ich es einst bei Hedwig verantworten, wenn ich ihre und meine Lieblinge fremden Händen anvertraut hätte?"

„Fremden Händen, Schwager?"

„Ja, fremden Händen, Jutta! Doch laßt mich eines Umstands erwähnen, den ich bis jetzt, aus Schonung gegen Euch und mich selbst, nicht berührt habe. — Als mein trautes Weib das müde Haupt zum letztenmal auf meinen Arm stützte und den erlöschenden Blick auf unsere drei Knaben richtete, da glaubte ich, der Himmel müsse auf mich herabstürzen und mich mit einem Male unter seiner Wucht erdrücken. Kein Schmerz auf dem weiten Erdenrunde hält wohl einen Vergleich mit dem eines treuen Gatten aus, der sein holdes Weib aus seiner und seiner Kinder Mitte scheiden sieht. Unser kleiner Franz Conrad lag noch in der Wiege und sah mit seinen großen blauen Augen zur sterbenden Mutter hinauf, während Schweikard und Hans vor dem Todtenbette auf den Knieen lagen und ihre kleinen Händchen zum Gebete falteten. Hedwig sah auf sie herab; ihre Lippen bewegten sich zitternd und ihre letzten

Worte drangen tief in mein Herz: „Vertrau' die Kinder keiner fremden Hand an, Franz!" Dieß war ihre letzte Bitte. Sie wollte noch Einiges von unsern Mädchen sagen, die Euere Freundin in **Flörsheim** zur Erziehung übernommen hatte, aber die Kräfte verließen sie und sie entschlief sanft in meinen Armen. Sorglos lag ich seither meinem Berufe ob; denn ich wußte sie ja geborgen, Hedwigs Kinder waren ja in guten Händen."

„Und nun?" sagte Jutta von Schmerz ergriffen.

„Laßt mich offen reden, liebe Schwägerin! Ihr wißt es ja, ich liebe die Umwege nicht und sage unverholen, was ich denke und für recht halte. Der Ritter **Krauch von Kirchheym** wird meinen Kindern ihre Mutter nehmen. — Ist es nicht so? glaubt Ihr nicht selbst, daß es so kommen werde? Ich will Euch keinen Vorwurf deßhalb machen, denn Ihr habt über Euch zu verfügen und seid mir keine Rechenschaft schuldig. Nun wie ist's? Redet und sagt mir die ungeschminkte Wahrheit."

„Es dürfte so kommen, edler Freund! Der Ritter hat mir seine Hand angeboten und will Euch um Euere Zusage bitten."

„Und ihr selbst, Jutta? werdet ihr Hedwigs Söhne verwaist zurücklassen können? Noch sind sie in dem Alter, wo sie der mütterlichen Pflege bedürfen. Was soll aus ihnen werden, was aus mir selber, wenn ich den Schutzgeist meines Hauses von hinnen ziehen sehe? O überlegt es wohl, Jutta!

Seht, ich habe der Feinde viele, viele, die mich um das Glück beneiden, einen starken Arm im Felde, eine treue Freundin im Hause zu haben. O es ahnet mir, daß mit euch das Glück von hinnen ziehen werde. — Doch genug der nutzlosen Worte! Laßt Euere Thränen und sagt mir Euern gefaßten Entschluß; denn das Unglück verliert viel an seiner Bitterkeit, wenn man es herankommen sieht und nicht plötzlich von ihm überfallen wird."

Doch statt aller Antwort brach Jutta von neuem in Thränen aus. Der Kampf zwischen Pflicht und Liebe hatte sie so sehr erschüttert, daß sie kein Wort hervorbringen konnte.

„Genug!" fuhr Franz nach einer Weile fort. „Ich weiß genug und werde nun unaufgefordert Euere Angelegenheit fördern helfen. Doch jetzt sagt mir auch, warum ich euch Beide so verstimmt getroffen habe. Nun Brigitte, antworte Du für dich und deine Herrin. Hat Euch Jemand gekränkt? Sei offen, mein Kind! Ich möchte wissen, was in meiner Umgebung vorgeht."

„Verzeiht, Herr Ritter," entgegnete die Zofe, „wenn ich Euch von einem Vorfall unterrichte, der einen Euerer Freunde berührt."

„Laß hören, Mädchen!"

„Der Herr Notar Schlör," fuhr Brigitte fort, „den Ihr so hoch stellt und dem auch wir bisher unsere Achtung nicht versagen konnten, hat sich seit heute des Vertrauens meiner Herrin unwürdig gemacht."

„Fahre fort! was ist es mit dem Notar?"

„Vor etwa einer Stunde, Herr v. Kirchheym war kaum mit den Kindern weggegangen, kam Euer Gast aus Worms, um dem Fräulein aufzuwarten. Er war meiner Gebieterin stets willkommen, da er gut zu erzählen weiß und überhaupt ein gar gelehrter Herr ist. Er hatte uns schon gestern auf diesen Besuch vorbereitet und uns verheißen, einiges vom letzten Turnier in seiner Vaterstadt mitzutheilen. Wir waren über diese Zusage erfreut und glaubten, er würde zu einer Zeit kommen, wo auch der Ritter von Kirch=heym zugegen sein würde. Er überraschte uns daher heute einigermaßen; doch konnten wir ihn nicht ab=weisen und hießen ihn willkommen.

„Er begann seine Erzählung und nahm uns im Geiste mit auf die Rennbahn. Er schilderte uns mit großer Gewandtheit das letzte öffentliche und wirklich ritterliche Turnier nach alter Weise, das im Jahre 1487 in Worms abgehalten wurde, malte es mit aller dabei entwickelten Pracht aus und vergaß selbst die glänzende Rüstung nicht, die diesen und jenen Ritter schmückte. Auf einmal lenkte er ein; seine Stimme klang hohl und dumpf und seine Gesichts=züge wurden von Ernst, ja fast von Schmerz über=zogen. Als er nemlich die Herrlichkeit des echten Ritterthums gleichsam besungen hatte, erwähnte er eines Vorfalls, der jenes Fest auf eine unangenehme Weise gestört haben soll. „Ein Ritter," so erzählte er, „der von den Turnierrichtern den üblichen Tur=

nierbrief nicht erlangen konnte, wollte sich diesen Schimpf nicht gefallen lassen, und da er trotz allen Sträubens nicht zugelassen wurde, so ward er heftig und veranlaßte eine gar arge Störung, die damit endete, daß er gewaltsam entfernt und schmachvoll vom Turnierplatze gewiesen werden mußte. Der Grund, warum man ihn nicht zugelassen, sei von den Richtern laut verkündet worden und habe darin gelegen, daß auf seiner Geburt ein Makel ruhte. Wegen seines unritterlichen Benehmens wurde sein Name öffentlich bekannt gemacht, und seit jener Stunde werde der Ritter Kranch von Kirchheym nur spottweise so genannt."

„Eine schändliche Verleumdung!" rief Sickingen in höchster Aufwallung des Zorns aus.

„Unser Gast," fuhr Brigitte fort, „soll, nach Schlör's Angabe, der Sohn jenes Mannes sein, der sich in Worms so unvortheilhaft ausgezeichnet hat. Der Notar sagte dieses mit einer starken Betonung, fügte weiter nichts hinzu und entfernte sich mit einer höflichen Verbeugung.

Diese Mittheilung, die Franz auf's Höchste empörte, bestätigte ihm Kuno's Angabe in vollem Maße. Doch faßte er sich schnell, um den Frauen gegenüber nicht offen gestehen zu müssen, daß er einen Betrüger beschützt habe. Er entfernte sich daher mit den Worten: „Beruhigt Euch, meine Lieben, und seid versichert, daß sich der Notar nur einen

Scherz erlaubt hat, der ihn aber, ich gebe Euch mein Wort darauf, theuer zu stehen kommen soll."

Im Ritterſaal angekommen, ging er raſchen Schrittes auf und ab und ſagte vor ſich hin:

„Warte, Bube, ich will dir vergelten, wie du es verdient haſt. Ich bin zwar gewöhnt, meinen Feinden mit offenem Viſir entgegenzutreten; aber bei dir will ich eine Ausnahme machen. Ich werde dich mit derſelben Münze bezahlen, mit der du mich zu hintergehen ſuchteſt, und du ſollſt ſehen, daß Franz dein Lügengewebe auch ohne Schwertſtreich zu zer=hauen weiß. Schändlich! das edle Geſchlecht der Kirchheym auf eine ſolche Weiſe zu verunglimpfen! Kranch's Vater, der ſich gerade beim letzten Turnier in Worms auszeichnete, ſo ſchmählich zu verleumden! Wohl kam dort ein ähnlicher Fall vor, der aber nicht dieſes edle Geſchlecht, ſondern einen erbärmlichen Abenteuerer berührte. Nun, ich werde mit dir ab=rechnen, ſchlauer Fuchs!"

Hierauf ließ er Kuno zu ſich rufen und trug ihm auf, den Ritter von Kirchheym bei ſeiner Rückkehr zu ihm zu beſcheiden.

VII.

Der Zug gegen den Churfürſten und Erzbiſchof Richard von Trier war auf Sickingens Burg beſchloſſen und vorbereitet. Die Motive zu dieſem Feldzuge laſſen wir unberührt, da es von vornherein nicht in unſerer Abſicht lag, eine Erörterung der

Beweggründe zu den Sicking'schen Fehden überhaupt zu geben. Die Zeit, in der sich unsere Episode aus Sickingens Leben bewegt, war eine allgemein aufgeregte und folgenreiche, und nur die Aufgabe des Geschichtsforschers kann es sein, sie gebührend zu würdigen. Wir haben uns wohl bei der Ausführung des entworfenen Bildes an dieses zu halten, werden aber dabei jeden religiösen Parteikampf aus jener Zeit unberührt lassen, und erwähnen hier nur, daß der beschlossene und mit gewaltiger Rüstung vorbereitete Zug gegen die feste Stadt Trier seiner Ausführung nahe war.

Schlör hatte sich durch seine Besprechung mit dem Burgherrn einen günstigen Ausgang seiner Herzensangelegenheit versprochen. Es schien ihm zweifellos zu sein, daß Franz seinen Nebenbuhler entfernen würde. Wie sich die Sache weiter für ihn gestalten werde und ob es ihm gelungen sei, durch das neu gesponnene Lügengewebe den Ritter von Kirchheym bei dem Fräulein zu verdächtigen, darüber dachte er für den Augenblick nicht weiter nach; war er sich ja seiner Meisterschaft in ähnlichen Dingen bewußt. Aber ein anderer Gedanke beschäftigte ihn und durchkreuzte seine Entwürfe.

Wie, wenn Franz Verdacht schöpfte und die Erzählung mit dem Alten nur als eine Erfindung ansähe? wenn sich die in Schlör's Gegenwart schon ausgesprochene Vermuthung bei dem Ritter zur Wirklichkeit gestaltete? Doch Schlör verzagte nicht und hoffte während Sickingens Abwesenheit schon irgend einen Betrüger zu finden, den er für seine Zwecke zu gewinnen und zu unterrichten glaubte. Vorerst mußte er dahin streben, daß ihm der fernere Aufenthalt auf der Burg gestattet werde, und er nahm sich vor, den Ritter zu bitten, ihm während seiner Abwesenheit einen Theil der Erziehung seiner Söhne anzuvertrauen.

Mit diesem Vorsatze begab er sich in den Rittersaal, wo Franz in der Mitte seiner Kampfgenossen den Feldzug besprach und ihnen seine letzten Befehle ertheilte.

„Da kommt ja auch unser Freund, der Notar," sagte Sickingen. „Ganz recht, daß Ihr mich der Mühe enthebt, Euch rufen zu lassen. Wir ziehen jetzt von Laubstuhl ab, um wieder eine ernste Fehde zu beginnen. Die Zeit des müßigen Zuschauens ist vorüber und das Schwert wird wieder aus der Scheide gezogen. Da habt Ihr Gelehrten doch ein besseres Loos; Ihr könnt ruhig an euern Büchern sitzen und euern Studien obliegen. Ihr seid doppelt zu beneiden; denn erstens braucht Ihr euern Leib nicht in den unbequemen Harnisch zu pressen, und zum andern seid Ihr des Lohnes gewiß, den Euch die aus den Fehden heimziehenden Ritter für Eure Gelehrsamkeit zollen. Sagt, mit welchem Studium werdet Ihr Euch während meiner Abwesenheit befassen?"

„Ich habe eine Bitte, Herr Ritter, mit deren Gewährung Ihr zugleich die Antwort auf Euere Frage erhalten werdet."

„So laßt hören!"

„Ich kam in der Absicht hierher, Euch zu bitten, mir während Eurer Abwesenheit zu gestatten, Euern Söhnen einigen Unterricht ertheilen zu dürfen."

„Ihr seid sehr freundlich, Herr Notar! Doch bezweifle ich, ob sich meine Schwägerin dazu verstehen wird. Fräulein von Flörsheim will sich durchaus nicht bequemen, die Pflege ihrer Schwesterkinder einer fremden Hand zu überlassen."

„Die mütterliche Pflege," entgegnete Schlör, „gebührt allerdings nur der Frauenhand; doch gibt es noch manches zu lernen, das besser und sicherer der Obhut des Mannes anvertraut wird."

„Da wollt Ihr Euch demnach mit meiner Schwägerin in die Arbeit theilen? Wahrlich schön und zweckmäßig ausgedacht! Allein es thut mir leid, daß ich diesem Ansinnen nicht willfahren kann, da mir eine Deutung ward, die mir allen Ernstes davon abrathet."

„Ich wüßte nicht, Herr Ritter, aus welchem Grunde —"

„Laßt mich ausreden, Herr Notar!" unterbrach ihn Sickingen. „Ich muß Euch und allen diesen Herren von einem Ereignisse erzählen, das mich verflossene Nacht so sehr beschäftigte, daß kein Schlaf über meine Augen kam, und ich noch mit Tagesanbruch über den ernsten Auftritt nachdachte. Als nemlich gestern Abend auf der Burg alles ruhig war und nur der Thurmwart noch wachte, da stand ich an dem Fenster meines Gemaches und sah hinauf zum sternenhellen Himmel, bei dem ich mir schon oft Rathes erholt hatte, wenn es in einen ernsten Kampf gehen sollte. Da gewahrte ich eine Gestalt im Hofe herumschleichen, die sich gerade gegen mein Fenster bewegte. Ich war nicht wenig überrascht und rief dem Geheimnißvollen zu. Er näherte sich immer mehr, so daß er, vom silberhellen Mond beleuchtet, ganz deutlich vor mir stand. Es war ein Mann mit einem schneeweißen Barte und ganz so gekleidet, Herr Notar, wie Ihr mir Euern Sterndeuter aus Worms beschrieben habt. Er war so freundlich, mir alle meine Fragen zu beantworten, und ich wollte wichtige Fragen von ihm beantwortet wissen. Ja, staunt nur, Herr Notar! Es war Euer geheimnißvoller Alte selbst, der nemliche, der Euch einst verkündete, daß Ihr ein Liebling des Schicksals wäret. Ihr werdet ihm wohl nicht zürnen, daß er dießmal nicht Euch aufsuchte, um Euer Schlafgemach mit Euch zu theilen, sondern sogleich zu mir kam. Ihr müßt aber wissen, daß der Orakelspruch, den er mir brachte, nur mich zunächst berührte. So hört denn, was er mir verkündete:

„Thöricht," so sprach der Alte, „thöricht ist der Mann, der sein Schwert vergebens zieht! Thöricht Derjenige, der sich für seine Heldenthat mit einem einfachen Dank begnügt. Das Schwert von Eisen verlange Gold zum Lohne." Ich staunte den Alten an und wollte nicht glauben, daß sich ein Mann, der in den Sternen liest, mit solchen irdischen Dingen befassen könne. Doch wiederholte er mehreremale, daß mir die Sterne zürnen würden, wenn ich so thöricht wäre, mein Schwert vergebens gezogen zu haben. Ihr wißt nun, Herr Notar, wie ungerne Unsereins sich mit den Sternen und deren Kundigen entzweit, und ich muß daher darauf bestehen, daß Ihr für den heißen Kampf, den wir zu Euern Gunsten ausgefochten, eine kleine Entschädigung gebet. Doch eingedenk, daß Ihr bisher unser lieber Gast waret, will ich die Sache nicht so genau nehmen und Euch nur aufgeben, innerhalb zwei Wochen zweihundert Mann Fußvolk anzuwerben und mir dieselben wohlgerüstet und in eigener Person nach Trier zu führen. Ihr werdet sie, so lange die Fehde dauert, aus Euerem Säckel unterhalten und die etwa Fallenden immer von neuem ersetzen.

„Da Ihr aber meiner Schwägerin die Ehre erweisen wolltet, sie bei der Erziehung meiner Söhne zu unterstützen, so ist es wohl recht und billig, daß Euch das Fräulein in eigener Person für Euere Freundlichkeit danke."

Nach diesen Worten gab Sickingen einem Ritter ein Zeichen. Eine Seitenthüre wurde geöffnet und hereintraten: Jutta von Flörsheim, Kranch von Kirchheym und der alte Burgwart Kuno auf Landstuhl.

Aller Augen waren wonnetrunken bei dem Anblick, der sich ihnen jetzt darbot. Der Ritter, im vollen Schmuck der ritterlichen Tracht, wie sie nur bei feierlichen Gelegenheiten angelegt zu werden pflegte, erschien an der Seite Jutta's, deren blendende Schönheit durch einen prachtvollen Anzug noch mehr gehoben wurde. Kirchheym trug kurze Beinkleider von weißem Atlas, deren Puffen mit grünen Litzen eingerahmt waren. Schuhe von weißem Atlas, mit zwei großen Brillantschnallen besetzt, schmiegten sich in zierlichen Formen um fleischfarbene seidne Strümpfe, und um die Schultern hing ein Mantel von grüner Seide, der mit breiten Goldborden besetzt war, die mit dem silberdurchwirkten Unterkleide, das auf des Ritters Brust sichtbar ward, gar prächtig abstach. Zwei große Straußfedern zierten sein blausammtnes Barett, an dessen Vorderseite ein großer Edelstein glänzte, der die ganze Versammlung ob seines edlen Feuers in Bewunderung versetzte. Das Schwert des Ritters wurde von einer Scheide umhüllt, die mit kostbaren Steinen übersäet war, und der Griff der Waffe bestand aus einem goldnen Löwenkopf, dessen Augen in feuerrothen Karfunkeln glühten.

Hatte aber der Ritter schon alle Anwesenden geblendet, so wurde er von der Pracht, in der Jutta's Anzug prangte, fast verdunkelt. Ein himmelblaues Atlaskleid mit langer Schleppe, die von zwei blond= lockigen Knaben getragen wurde, umschloß die edle Gestalt der Jungfrau. Ein Diadem, würdig, das Haupt einer Kaiserin zu schmücken, strahlte von un= zähligen Diamanten, und ein Ueberwurf von weißem Atlas war mit Tausenden von goldnen Sternen übersäet. Der Fächer, den Jutta in der Hand hielt, war künstlich von vielfarbigen Federn ausländischer Vögel zusammengefügt, und dessen Griff bestand aus gediegenem Gold mit Perlmutter eingelegt.

Auch der Schloßwart Kuno hatte sich in seinen größten Putz geworfen und zeigte eine Miene, die das Gepräge ungetrübter Freude an sich trug.

Franz von Sickingen betrachtete das liebreizende Paar mit einem Gemisch von Wohlwollen und Seelenschmerz. Sein Auge schweifte von dem Ritter auf die holde Schwägerin und von dieser wieder auf jenen. Sein Herz schlug fast hörbar und seine sonst kräftige Stimme zitterte, als er die Worte sprach:

„Herr Notar Schlör, Ihr vom Schicksal mit so viel Huld bedachter Mann, tretet näher, auf daß ich Euch verkünde, was mir Euer Freund aus Worms für Euch aufgetragen hat. „Sage diesem Liebling der Sterne," so sprach der weise Mann, „sage ihm, daß ich ihn für einen grundgelehrten und ausstudirten — Spitzbuben halte. Sage ihm ferner, daß der edle Ritter Kranch von Kirchheym die Burg Landstuhl verlassen wird, so wie der gelehrte Herr es gewollt hat; aber nicht allein, sondern im Geleite seines Weibes, der holden Jutta von Flörsheim." Ihr seht, Ihr glücklicher Mann, daß Euer Wunsch in Erfüllung geht, und hat der Ritter, so wie Ihr mir sagtet, für Jutta einen Liebestrank bereitet, so mag diese sehen, wie sie ihm einen Gegentrank kredenze. Ihr aber werdet nie mehr einen Fuß auf Laubstuhls Gebiet setzen, wenn Ihr nicht wollt, daß meine treuen Hunde ihre scharfen Zähne an Euerm Schurkenfleisch erproben. Vergesset aber nicht, daß Ihr uns vor Trier mit Euern zweihundert Mann einholet. Jetzt geht, denn ich möchte vor meinem Abzug dem Hochzeitsfeste ungestört und ungetrübt beiwohnen, was ich aber nicht vermöchte, so lange ein solcher Schandbube unter einem Dache mit mir wohnte."

Todtenblaß schlich der falsche Mann durch die Menge und verließ eilenden Schrittes die Burg.

Am andern Tage ward das Hochzeitsfest mit großem Prunk gefeiert und die ganze Burg hallte wieder von Jubel und Freude. Doch wurde die allgemeine Fröhlichkeit unterbrochen, als die mütterliche Freundin sich von ihren Pflegesöhnen verabschieden mußte; denn Sickingen hatte Jutta's Bitte, ihre Lieblinge mit auf die Burg ihres Gatten nehmen zu dürfen, um dort ihre Erziehung zu vollenden, keine Folge geleistet. Auch nahm er Kranch's Anerbieten, ihn nach Trier zu begleiten, nicht an. Es war unverkennbar, daß Franz jede weitere Verbindung mit seiner Schwägerin abbrechen wollte. Das Hochzeitsfest wurde wohl mit einem geräuschvollen Gelage gefeiert, und sämmtliche Ritter, die sich auf der Burg befanden, nahmen Theil daran; Küche und Keller spendeten reichlich, was sie vermochten — allein der Burgherr selbst theilte diese Freuden nur mit schwerem Herzen, und während Alles munter und guter Laune war, ergriff Sickingen einen vollen Humpen, erhob sich von seinem Sitze und sagte mit einer fast zitternden Stimme:

„Meine Freunde und lieben Gäste! Das Schicksal ist ein eiserner Despot und kümmert sich wenig um die Wünsche der Menschen. Es ordnet unsere Geschicke und buhlt nicht um unsern Beifall; es entreißt uns das Liebste und fragt nicht darnach, ob unser Herz dabei verblute. Ich erwähne das heute bei diesem Feste, da ich mit demselben die Schwester meiner **Hedwig** von hinnen ziehen sehe, wo sie als zweite Mutter meinen Söhnen ihre zu früh heimgegangene Pflegerin ersetzte und mein Haus so treulich verwaltete. Ziehe heim auf Deine Burg **Kirchheym**, mein Freund, und bringe den Deinen eine Burgfrau, wie sie im deutschen Reiche nicht mehr zu finden sein dürfte. Nehme meinen Herzenswunsch mit, daß Dir Jutta von **Flörsheim** das werden möchte, was mir ihre Schwester Hedwig war. Meine Söhne aber wird mein treuer **Kuno** nach Ebernburg begleiten, um sie dort meinem Freunde Erasmus zu übergeben, der die Erziehung vollenden soll, die Jutta so schön begonnen hat. — Jetzt trinket, meine Freunde, leert Euere Pokale auf das Wohl des jungen Paares und sagt ihm ein herzliches Lebewohl."

Als dieses geschehen war, nahm Sickingen seine drei Söhne, führte sie zu Frau von Kirchheym hin, die sie innig in ihre Arme schloß und ihre Stirnen küßte, während die Thränen der schönen Frau reichlich flossen. Hierauf verließ Franz das Prunkgemach. Er hatte Jutta von Flörsheim an ihrem Hochzeitstage zum letztenmale gesehen.